Dr. med. Michael Ehrenberger • LEBE!

WWW. EZU. AT

NATUR und THERAPIE. AT

Dr. med. Michael Ehrenberger

Lebe!

Lebendigkeit
Ernährung
Bewegung
Entspannung

Ein Ratgeber

Orac
Wien · München · Zürich

ISBN 3-7015-0475-X

Foto auf dem Einband: Corbis
Fotos im Innenteil: Gerda Jaeggi
Einband, Satz und Grafik: Media & Grafik, Wien
Druck und Bindung: GGP Media GmbH, Pößneck

INHALT

INHALT

LEBE dich gesund

Man sieht nur mit dem Herzen gut,
das Wesentliche ist für die Augen unsichtbar.
Antoine de Saint-Exupéry, Der kleine Prinz

Ein kleiner Junge saß am Ufer seines Freundes, dem Bach. Er liebte es, dort zu sitzen und dem Spiel des Wassers zuzusehen. Kleine Wellen bildeten sich und lösten sich im nächsten Augenblick wieder auf. Manchmal stand das Wasser scheinbar still, dann floss es wieder mit zunehmender Geschwindigkeit in dem sich windenden und stetig verändernden Bachbett. Das Wasser tanzte um die Steine, es wirbelte, drehte sich ein, um den Wirbel dann sofort wieder spielerisch aufzulösen. Zuweilen saß der Junge am Bachrand mit geschlossenen Augen und stellte sich vor, von wo das Wasser kam und wohin es floss. In seiner Vorstellung erreichte es die höchsten Regenwolken und die tiefsten unterirdischen Quellen. Er wusste, dass das Wasser eine Geschichte mit sich trug und dass es sich freudig mit dem Wasser aus anderen Bächen vereinigte, um zu einem Fluss und danach zu einem Strom zu werden, dessen Reise es in das Meer führte. Die Luft am Rande des Baches war von belebender Frische, denn der Bach strahlte seine Energie in die Umgebung ab. Es war eine seltsame Energie, eine Art Sinfonie des Lebens, geordnet in einem sich nie wiederholenden Rhythmus. Der Bach nährte nicht nur die Lebewesen, die in ihm wohnten, sondern auch jene, die sich in seiner Nähe aufhielten, und in den klaren Nächten spiegelte sich der Mond, ein Bruder des Baches, in seinem Wasser.

Der Junge war so verzaubert von der Kraft und Schönheit des Baches, dass er beschloss, mehr über das Leben zu lernen. Er wollte Arzt werden.

Lebens-Geschichten

Nun sitzt der junge Mann in seiner Praxis vor seinen Patienten. Zwischen ihm und dem Hilfe suchenden Menschen steht ein Computer. Es ist praktisch, mit einem Computer zu arbeiten, denn darin sind eine Menge Daten gespeichert und man kann Zeit sparen. Zeit hat der junge Mann keine mehr, denn er hat Verträge abgeschlossen, die ihn dazu zwingen, schnell zu arbeiten. Die Fragen „Woher“ und „Wohin“ stellen sich nun nicht mehr, auch nicht die Fragen nach den

Lebensgeschichten. Andere Fragen sind wichtiger geworden, die nach der Sozialversicherungsnummer, den Blutbefunden und der Zusatzversicherung. Seinen Freund, den Bach, hat er schon lange nicht besucht. Auch dazu fehlt ihm die Zeit. Doch der Bach fließt immer noch verspielt in seinem Bett, das er sich selbst gegraben hat und fortwährend verändert.

Trotz seines Erfolges geht dem jungen Mann etwas ab, doch er vermag nicht zu sagen, was es ist. Er weiß nur, dass er ein seltsames Gefühl in seiner Brust spürt, eine sentimentale Sehnsucht nach dem Leben, über das er so viel lernen wollte.

Glauben Sie mir, obwohl die Geschichte frei erfunden ist, erleben sie viele Menschen tagtäglich auf der ganzen Welt. Vielleicht ist es ja auch ein bisschen Ihre Geschichte, auch wenn Sie selbst kein Arzt sind, aber ihren Beruf mit Neugier und in der Erwartung auswählten, mehr über das Leben zu erfahren.

Was die Medizin vermag - und was ihr fehlt

Seitdem ich mein Studium vor mehr als zwanzig Jahren abgeschlossen habe, hat sich die moderne Medizin enorm weiterentwickelt. Uns stehen heute Möglichkeiten offen, die früher als reine Utopien galten. Trotzdem kann man nicht sagen, dass die Menschen heute gesünder sind, im Gegenteil. Allergien beispielsweise nehmen rasant zu, ebenso wie andere chronische Leiden, etwa des Bewegungsapparates oder des Immunsystems. Kinder und Jugendliche erkranken immer häufiger an Typ-II-Diabetes, dem Altersdiabetes, der normalerweise sehr viel später im Leben auftritt. Für Krebserkrankungen wird in den nächsten Jahren gar eine Zunahme um 20 bis 30 % prognostiziert. Das sind nur einige Beispiele für eine alarmierende Entwicklung, die die Finanzierbarkeit des Gesundheitssystems in vielen Ländern ernsthaft in Frage stellt.

Doch was ist die Reaktion der Verantwortlichen darauf? Der Schwerpunkt diverser Gesundheitsreformen liegt nicht etwa in der Verbreiterung der medizinischen Basis dessen, was „auch Medizin“ ist, nach dem Motto: Wer heilt, hat Recht. Oder in der Akzeptanz und Förderung von natürlichen Methoden zur Gesunderhaltung. Der Schwerpunkt der Reformen angesichts des drohenden Kollaps liegt - wie so oft in der Vergangenheit - in der Erhöhung der Krankenkassenbeiträge.

Es gibt aber auch andere Entwicklungen. Sie gehen von den Betroffenen selbst aus, von den Beitragszahlern und Menschen, die gesund bleiben oder werden wollen. Nach einer kürzlich erschienenen Umfrage kümmern sich 48 % der Deutschen heute mehr um ihre Gesundheit als noch vor fünf Jahren. 88 % glauben, dass man die eigene Gesundheit positiv beeinflussen kann, und die Mehrheit der Befragten ist davon überzeugt, dass die Naturheilkunde in manchen Bereichen wirksamer ist als die Schulmedizin.

Von den Ärzten erwartet man laut dieser Umfrage auch einiges mehr: vor allem Zeit und Kompetenz, wenn es darum geht, die zahlreichen heute so verbreiteten Krankheiten zu verhindern. Denn was nützt der hohe Lebensstandard, die so oft zitierte hohe Lebenserwartung, wenn die Gesundheit als Basis der Lebensqualität fehlt?

Gerade in der Gesund*erhaltung* scheint mir das größte Manko zu liegen. Obwohl hier auch der größte Erfolg zu erhoffen ist, nicht nur in Bezug auf eine echte Sanierung des „Gesundheits"-Wesens seinem ursprünglichen Wortsinn nach, sondern auch in punkto Finanzierbarkeit. Die beste Behandlung ist immer noch die, die gar nicht in Anspruch genommen werden muss, und die höchste Lebensqualität liegt darin, das Leben im Vollbesitz der Kräfte in vollen Zügen zu leben.

Warum ist das so vielen nicht möglich? Liegt es wirklich nur am Zeitmangel der Ärzte, dass es immer schwieriger wird, chronische Krankheiten zu vermeiden? Ich glaube, es liegt noch an etwas ganz anderem, Grundsätzlichem und Bedeutendem ...

Die Kraft des Lebendigen

Gehen wir noch einmal zurück zu unserem jungen Mann, der sich seinen Wunsch erfüllte und Arzt wurde. Als er sein Studium begann, war „Physik für Mediziner" eine der ersten Prüfungen, die er absolvieren musste. Das ist auch heute noch so. Doch worüber sich niemand Gedanken macht: Die derzeit gelehrte Physik ist nicht geeignet, um Vorgänge im menschlichen Organismus zu erfassen. Es ist eine Physik, mit der man beispielsweise die Funktion von Dampfmaschinen erklären kann, jedoch nicht die Funktionsweise des menschlichen Herzens.

Auch das weitere Studium wies deutliche Mängel auf: Er lernte viel über Krankheiten und ihre Symptome, aber nichts über Gesundheit.

Er erfuhr viel über die Aussagekraft von Befunden, aber nicht, wie man mit Menschen spricht, und er hörte viel über chemische Medikamente, aber nichts über die Heilkraft der Natur. Er gewann eine Fülle von Wissen, wurde zu einem Spezialisten ausgebildet mit teilweise sehr wirkungsvollen Werkzeugen im Repertoire. Dennoch verlor er etwas Grundlegendes: die innere Verbindung zur unendlichen Kraft des Lebendigen.

Wohin dieses Buch Sie führt

Diese Kraft ist das Thema dieses Buches. Werden Sie selbst zu dem verspielten, neugierigen Jungen, der dem Fluss des Lebens zusieht, bis er erkennt, dass er selbst dieser Fluss ist ...

Mit LEBE! will ich Ihnen zeigen, wie Sie es schaffen, dass es Ihnen gut geht. Vielleicht müssen Sie dazu viel verändern, vielleicht auch nur wenig. Ich glaube auch, dass vieles ganz von selbst kommen wird, wenn Sie erst einmal die Grenzen dessen, was Sie über das Leben denken und wie Sie glauben, dass Ihr Körper „funktioniert", erweitert haben.

Im ersten Teil des Buches ist darum als Voraussetzung zum tieferen Verständnis Ihre Neugierde gefragt. Betrachten Sie die folgenden Seiten als eine Entdeckungsreise, die Sie zu den „missing links" unserer Medizin und Biologie und darüber hinaus zu einer erweiterten Sichtweise über das Leben führt. Zu viele Fragen sind bisher offen geblieben. Zu vieles, das wir als gegeben hinnehmen, ist nicht stimmig, weil grundlegende Erkenntnisse fehlen. Das möchte ich anhand einiger Beispiele aufzeigen. Sie sollen Sie dazu ermuntern, eine grundlegende Kraft, die Ihnen zur Verfügung steht – ich nenne sie Lebensenergie – zu erkennen und auch zu nützen. Es wird Ihnen leicht fallen, die Anregungen, die Sie im zweiten Teil des Buches finden, auszuprobieren. Sie werden auf spielerische Weise herausfinden, was zu Ihnen passt und was Ihr Leben bereichert.

Teil 1
Die Lebensenergie

Gesundheit und Krankheit

Es war vor vielen Jahren zu Pfingsten, da kam Christian in meine Praxis. Christian war 42 Jahre alt und konnte kaum gehen. Sein Bauch war aufgetrieben und schmerzte. Bei näherer Untersuchung stellte sich heraus, dass Christian Wasser im Bauch hatte. Die Ursache der Wasseransammlung war ein Versagen der Leber, der Grund dafür waren Tumore im Bauchraum, die auch deutlich zu tasten waren. Ich wusste nicht, was ich tun sollte. So bat ich Christian auf eine Liege, legte ihm eine Infusion an, setzte mich hinter seinen Kopf, hielt ihm die Stirn und hörte ihm zu. Christian erzählte mir von seinem Leben, von seiner Kindheit, seiner Familie, von seinem Studium und seiner Arbeit. Nach einer Stunde des Gespräches, es hatte fast nur er gesprochen, ging Christian nach Hause. Als er zwei Tage später wieder kam, teilte er mir mit, dass sich nichts gebessert habe. Immer noch waren unerträgliche Schmerzen da, er konnte sich immer noch nicht bewegen, die einzige Änderung, die er bemerkt hatte, war ein ungeheurer Stuhlgang. Das verwunderte ihn, da er ja seit Wochen nichts mehr essen konnte. Wieder bat ich ihn, sich auf die Liege zu legen, und wieder hielt ich seine Stirn. Er erzählte erneut von seinem Leben. Vor allem von seinem Beruf, mit dem er nicht glücklich war. Von seinem Arbeitsplatz, an dem er sich nicht wohl fühlte und von dem er aufgrund des Krankenstandes nun vorübergehend befreit war. Er erzählte auch, dass er damit rechnete, nach Abschluss des laufenden Projektes gekündigt zu werden.

Als wir dieses Ritual vier- bis fünfmal wiederholt hatten, änderte sich Christians Gesundheitszustand plötzlich. Der Bauch wurde kleiner, Christian wurde beweglicher und besserer Hoffnung.

Die Besserung hielt an. Christian konnte wieder seinem Hobby, dem Sammeln von Mineralien, nachgehen und wurde von Woche zu Woche kräftiger. Er wurde so kräftig, dass er wieder mit Sport beginnen konnte. Seine Leidenschaft war Tennis. Im August desselben Jahres, in dem Christian das erste Mal zu mir gekommen war, spielte er in der Meisterschaft seines Tennisvereines mit und belegte in seiner Altersklasse den dritten Platz.

Als der Sommer vorbei war, ging es Christian so gut, dass er überlegte, wieder arbeiten zu gehen. Er war sehr pflichtbewusst und wollte den ungeliebten Arbeitsplatz nicht verlieren, um seine Familie finanziell nicht zu gefährden. Doch langsam ging es ihm wieder schlechter. Der Tumor begann erneut zu wachsen. Noch vor Weihnachten desselben Jahres, in dem Christian das erste Mal zu mir gekommen war, verstarb er, ganz ohne Schmerzen, im Kreise seiner Familie.

Die Kraft des Lebens

Ich habe lange darüber nachgedacht, was passiert war und ob Christian noch leben könnte. Man kann in seinem Fall von einer Spontanremission (Sofortheilung) sprechen, auch wenn sie nicht anhielt. War es nach diesem letzten schönen Sommer voller Lebensfreude wirklich Zeit für ihn zu gehen? Hätte sich alles anders entwickelt, wenn Christian gekündigt hätte? Wir werden es nie erfahren.

In meiner nun schon über 20-jährigen Tätigkeit als Ganzheitsmediziner habe ich viele solcher plötzlicher, unerwarteter Wendungen im Krankheitsgeschehen erlebt. Darum bin ich zu der Überzeugung gekommen, dass Gesundheit und Krankheit von vielen Faktoren abhängen und dass Prognosen nur in sehr engem Rahmen möglich sind. Verändert sich etwa Grundlegendes im Leben des Patienten, dann kann sich alles verändern. In die eine oder in die andere Richtung. Zum Leben hin oder vom Leben weg, wobei der Tod nicht immer eine Niederlage sein muss. Schon gar nicht, wenn es gelang, vorher noch Frieden und Harmonie zu finden. Es kann auch früher, als wir es wahr haben wollen, Zeit sein zu gehen.

Gesundheit ist mehr als die Abwesenheit von Krankheit

Natürlich kann man auch auf der körperlichen Ebene Maßnahmen setzen, vor allem ist der Zusammenhang zwischen Lebensstil und Gesundheit, von dem dieses Buch auch handelt, zu erkennen und gezielt einzubeziehen. Über die Auswirkungen von Übersäuerung im Gewebe werde ich noch berichten, ebenso wie über Probleme durch Nährstoffmangel und Vergiftungen (Schwermetalle u.a.), Bewegungsmangel, fehlende Entspannung etc., aber da ist „noch etwas".

Gesundheit ist nicht nur das bloße Fehlen von Krankheitssymptomen, sie ist viel mehr. Wie viele Menschen sind den Befunden nach (noch) gesund, fühlen sich aber nicht mehr so und verhalten sich auch nicht so. Ob jemand gesund ist, kann man an vielem erkennen – daran, wie der Mensch sich bewegt, welchen Gesichtsausdruck er hat, wie viel er lacht, wie er anderen begegnet, wie seine Beziehungen beschaffen sind, auch die zu sich selbst, wie er denkt und was er denkt, wie und was er fühlt, wie er kommuniziert und worüber er spricht, wie entspannt er ist, wie gut er schläft, wie und was er isst und, und, und. Gesundheit kann man erkennen, denn sie drückt sich aus. Sie drückt sich für mich vor allem darin aus, wie „lebendig“ jemand ist, wie spontan, neugierig, frei von Angst, sich ständig weiter entwickelnd, mutig und selbstständig.

Und gesund werden? Das drückt sich genauso aus!

Daran, wie jemand „aufblüht“, all das zurückgewinnt, was Leben ausmacht, erkennt man den Genesungsprozess.

Diese Menschen strahlen wieder etwas Besonderes aus, was vorübergehend nur schwach zu spüren war. Ich möchte es als „Lebensenergie“ bezeichnen - und bin damit beim Kernthema dieses Buches.

Die Lebensenergie - eine universelle Grundkraft?

Sie werden später sehen, dass es sich bei der Lebensenergie um nichts weniger als um eine reale Kraft handelt, sogar um eine Grundkraft im Universum, die alles durchdringt, die unendlich und unerschöpflich ist. Sie anzunehmen kann zunächst unser Denken verändern, sich ihr gezielt zu öffnen kann schließlich unser Leben und unsere Gesundheit auf eine völlig neue Basis stellen.

Die Herausforderung dabei: Man muss derzeit gesetzte Grenzen in unserem Denken durchbrechen, denn in der heute geltenden Physik und der darauf basierenden Medizin kommt die Lebensenergie gar nicht vor. Sie wird negiert. Ich sehe das nur als ein vorübergehendes Manko, vorübergehend, weil sie in früheren Jahrhunderten (so wie in anderen Medizinkulturen bis heute) ihren festen Platz hatte und es nun schon seit Jahren eine immer größer werdende Zahl von Forschern gibt, die sich mit dem Gedanken an die Existenz einer fünften Grundkraft (zu den Grundkräften siehe Seite 35f.) beschäftigt. Der Grund für diese Arbeiten ist, dass es einfach zu viele Ungereimtheiten gibt, die man beobachten und nachweisen kann und für die es noch keine Erklärungen gibt.

Von Fülle und Mangel

Um nun vorerst noch den Gedanken über Gesundheit und Krankheit zu einem Ende zu bringen: Gesundheit ist für mich Fülle an

Lebensenergie, Krankheit dagegen Mangel daran. Übrigens, ist Ihnen aufgefallen, dass wir von Gesundheit immer in der Einzahl sprechen, aber meistens von Krankheiten? Ich möchte Ihnen vorschlagen, rein probehalber versteht sich, von Krankheit nur in der Einzahl zu sprechen!

Wenn Krankheit als Mangel an Lebensenergie zu sehen ist, dann wird dieses Buch Ihnen helfen zu erkennen, wodurch er verursacht wird und dass Sie selbst aktiv werden müssen, um an der Ursache zu arbeiten. Die Therapie des Arztes wird hingegen meist darauf abzielen, die Auswirkung des Mangels an Lebensenergie zu beheben: die daraus resultierende spezielle Krankheit bzw. ihre Symptome zu behandeln.

Doch bevor wir uns der Frage widmen, wie wir diese Kraft für uns nützen können, gilt es zunächst die Entdeckungsreise anzutreten, von der ich in der Einleitung gesprochen habe. Sie wird uns zunächst zu den „missing links“ unserer Medizin und Biologie und darüber hinaus zu einer erweiterten Sichtweise über das Leben führen, mit der Lebensenergie im Mittelpunkt.

Vom Anorganischen
zum Organischen

Die Hauptsache woran man bei ausschließlicher Anwendung der Analyse nicht zu denken scheint, ist, dass jede Analyse eine Synthese voraussetzt.
Johann Wolfgang von Goethe

Synthese und Analyse, Werden und Vergehen, das ewige Spiel der Natur können wir jeden Tag um uns herum beobachten. Es ist der Weg vom Unbelebten (dem Anorganischen) zum Belebten (dem Organischen) und wieder zurück. Betrachten wir im Frühjahr das Keimen eines Sonnenblumenkernes und das Wachsen der Pflanze, dann erscheint uns dieser Vorgang vordergründig als so simpel, dass wir nicht näher darüber nachdenken. Der Umstand, dass aus derselben Erde auch ein Apfelbaum, eine Eiche oder ein Regenwurm (im weiteren Sinne auch ein Mensch) entstehen können, erstaunt uns nicht, da wir ja die Möglichkeit haben zuzusehen, wie sich Lebewesen entwickeln. Trotzdem ist es immer noch ein Rätsel, wie sich aus anorganischer, lebloser Materie spezifisches Leben in seiner großen Vielfalt entwickeln kann.

Was „belebt“ das Samenkorn oder, noch faszinierender: Wie kommt das Wunder Mensch zustande? Woher kommt die Kraft, die eine befruchtete menschliche Eizelle zur Teilung bewegt, sie dazu veranlasst, sich nach ein paar Tagen in der Gebärmutterwand einzunisten, bereits nach acht Wochen deutlich erkennbare Herzaktionen zu setzen und schließlich zu einem Wesen heranzuwachsen, das Sie sind, das ich bin?

Vielleicht mögen Sie jetzt denken, dass man den Übergang von unbelebter Materie zu belebten Organismen spätestens seit der Entdeckung der DNA (Erbsubstanz) erkannt hat. Doch so bedeutend sie ist – aus der DNA lässt sich bei weitem nicht alles erklären. Im Gegenteil, sie wirft erst recht wieder neue Fragen auf. Biologen fanden heraus, dass verschiedene Spezies mit völlig unterschiedlichen Genen nahezu idente morphologische Merkmale (Gestaltmerkmale) entwickeln können, also gleiche Strukturen trotz unterschiedlicher Gene möglich sind. Ebenso erstaunlich ist auch der umgekehrte Fall, wenn gleiche Genstrukturen zu völlig unterschiedlichen Erscheinungsbildern führen. Schließlich stellt sich, selbst wenn es gelingt, die Strukturbildung eines Tages wirklich aus den Genen zu erklären, immer noch die eine große Frage: Wenn sich das Leben aus der DNA entwickelt hat, woher kam dann die erste DNA?

Wo bleibt die Fähigkeit zur Synthese?

Wie entstand überhaupt Leben auf unserem Planeten? Es scheint doch sehr unwahrscheinlich, dass hier der Zufall Regie geführt haben soll, wie nach der Lehre von Charles Darwin angenommen wird. Da bisher weder Biologie noch Medizin befriedigende Erklärungen auf die Fragen nach dem Ursprung des Lebens finden konnten, die „Synthese" also ein großes Rätsel geblieben ist, haben sich die Naturwissenschaften auf ein überschaubareres Gebiet spezialisiert, das weniger Fragen aufwirft: die „Analyse". Wir sind Spezialisten geworden in der Fähigkeit, lebende Systeme zu zerlegen. Dies ist aber nur möglich, wenn der Organismus oder die zu untersuchenden Teile tot sind.

Doch wenn eine Zelle abgestorben ist, dann löst sie sich bereits wieder in ihre Bestandteile auf. Die Bestandteile kann ich erkennen, bis ins letzte Detail untersuchen. Die Analyse gelingt. Der Prozess des Werdens, die Synthese, kann aber so nicht untersucht und schon gar nicht erklärt werden.

Wer nach den Zusammenhängen fragt

Ist Ihnen schon einmal aufgefallen, wie genau die Schulmedizin Symptome betrachtet, einschließlich einer Vielzahl durch Analyse erhaltener Befunde, während den Ursachen - der Entstehung von Krankheit - wenig Beachtung geschenkt wird? Die Ursachen spielen zumeist auch in der Behandlung keine große Rolle, weil man ja nur die Auswirkungen von Krankheit loswerden will und nicht die belastende Lebenssituation dahinter. Für mich ist das nicht weiter verwunderlich, orientieren wir uns doch an einem Wissenschaftsmodell, das die Synthese nicht erklären kann und dieses Manko durch eine Überbetonung der Analyse ersetzt. Darin ist ein Teil der Mediziner scheinbar auch unbeirrbar. Die Spezialisierung schreitet immer weiter voran. Wir haben Experten für die Niere und welche für die Leber, sogar Spezialisten für die linke Herzkammer und solche für die rechte. Wir analysieren bis ins Kleinste, bis in einzelne Gene, und erhoffen uns dort den Fortschritt der Medizin.

Doch demgegenüber gibt es eine immer größer werdende Zahl von Ärzten, die nach den Zusammenhängen fragen. Es sind vor allem diejenigen, die zusätzlich Komplementärmedizin wie Akupunktur oder Homöopathie betreiben und dabei auch mit der Lebensenergie als grundlegender Kraft in Berührung kommen.

Die Physik als herrschendes Leitbild

Warum erzähle ich Ihnen das hier so ausführlich?

Um Ihnen zu zeigen, dass die Grenzen unseres Denkens unser Leben entscheidend bestimmen. Wenn es eine grundlegende Kraft gibt, die im Denkmodell der heutigen Physik und damit auch in der Medizin nicht vorkommt, dann beeinflusst Sie das weit mehr, als Sie es für möglich halten: weil die Physik Ihr Weltbild beherrscht, selbst dann, wenn Sie sich nicht dafür interessieren. Sie beherrscht es mehr als jede Religion. Und nicht nur das. Wie Sie leben, wie Sie mit sich und anderen umgehen, wie gesund oder krank Sie sind, wie glücklich oder unglücklich – selbst das hängt letztlich vom gültigen physikalischen Weltbild ab. Davon, was Sie für möglich oder unmöglich halten, wie Sie sich die Welt und alles, was darin passiert, erklären. Dementsprechend groß ist die Veränderung, die in allen Lebensbereichen stattfinden kann, wenn plötzlich ein neues physikalisches Weltbild das alte ersetzt.

Für mich waren die folgenden Erkenntnisse so grundlegend bedeutend, dass sie meine Lebenseinstellung weit über die Auseinandersetzung mit Gesundheit und Krankheit hinaus geprägt haben. Sie veränderten mich, weil sie wissenschaftliche Beweise dafür boten, dass Leben anders funktioniert, als ich es im Laufe meiner Ausbildung gelernt habe. Das versetzt mich an den Bach meiner Kindheit zurück. Ich habe erfahren, dass eine Grundkraft in uns wirkt, die wir nützen können und die uns völlig neue Perspektiven liefert. Wie etwa die Vorstellung, dass wir natürlicherweise mit allem verbunden sind, ständig in Entwicklung, mit einem unfassbaren Potenzial an Regenerationsfähigkeit ausgestattet, und dass wir selbst entscheiden, ob wir mit oder gegen diese Kraft leben.

Die Wirkungen der Lebensenergie

Für diese Kraft wurden bisher viele Begriffe verwendet – ich nenne sie „die Lebensenergie".

Es ist wohl ein Phänomen für sich, dass die Lebensenergie bis heute noch nicht direkt beobachtet oder gemessen werden konnte. Das macht es auch aus wissenschaftlicher Sicht so schwierig und ist der unmittelbare Grund dafür, warum sie in der Physik seit dem missglückten Nachweisversuch von Morley und Michelson Ende des neunzehnten Jahrhunderts (siehe Seite 34) nicht mehr vorkommt. Bis dorthin war sie als „Äther“ bekannt und fixer Teil unseres Denkens (siehe auch Seite 34f.). Doch wenn auch die theoretische Anerkennung (noch) fehlt, was die Lebensenergie bewirkt, können wir jederzeit beobachten - und zwar direkt im Lebendigen. Das Lebendige weist Merkmale auf, die nur durch die Existenz der Lebensenergie erklärbar sind. Es sind dies:

- die Bildung von Ordnung
- das Wesen der Veränderung
- die biologischen Rhythmen
- das Nicht-Gleichgewicht
- die Kommunikation

Die Bildung von Ordnung

Ein ganz besonderes Merkmal von Lebewesen ist ihre Fähigkeit, Ordnung zu bilden (auch wenn mir beim Betreten des Spielzimmers unserer Kinder öfter Bedenken kommen) und dadurch sichtbare Strukturen entstehen zu lassen. Diese Strukturen ermöglichen es uns, zu erkennen und zu unterscheiden. Eine Erdbeere ist eine Erdbeere, eine Kirsche ist eine Kirsche und eine Tomate ist eine Tomate.

Strukturbildung und Strukturverlust

Wenn Sie nun eine dieser Früchte zu sich nehmen, dann lösen Sie diese Ordnung auf und die Bestandteile (Vitamine, Mineralstoffe etc.) werden in eine neue Ordnung, Ihren Körper, eingeordnet, wobei sich komplexere Moleküle noch weiter wandeln. Ihr Körper formt aus den Lebensmitteln, die ihm zugeführt werden, Zellen, und diese haben ein besonderes Aussehen, eine geordnete Struktur, eine hohe Ordnung. Wie schon Erwin Schrödinger, Österreicher und Nobelpreisträger für Physik, vor einigen Jahrzehnten formulierte, haben Lebewesen die Fähigkeit, Ordnung aus Ordnung zu bilden. Wir brauchen also Ordnung, um daraus Ordnung für uns selbst zu generieren. Das Leben nährt sich von einer ordnenden Kraft (Negentropie), die der Zunahme der Unordnung (Entropie) entgegengesetzt ist.

Was passiert aber, wenn Sie die Erdbeere, Kirsche oder Tomate nicht essen und einfach in Ihrer Küche liegen lassen? Dann verändert sich die Form. Es werden braune Flecken als Zeichen der Fäulnis entstehen, die Struktur wird sich verändern, sie geht nach und nach verloren und irgendwann wird keine der Früchte mehr genießbar sein.

Strukturverlust kann auch in einem menschlichen Körper stattfinden, und zwar dann, wenn Zellen ihre Ordnung verloren haben, wenn sie krank sind. Krankheit bedeutet Verlust von Ordnung und das äußert sich in Strukturverlust. Ein krankes Organ, ein krankes Knie, ein kranker oder verletzter Finger ändert, mehr oder weniger stark sichtbar, seine Form. Ebenso eine Krebszelle. Unter dem Mikroskop kann man sie deutlich an ihrer veränderten Struktur erkennen.

Zusammenfassung
Die Fähigkeit, Ordnung und daraus Strukturen zu bilden, ist ein typisches Merkmal des Lebendigen und mit der heute anerkannten Physik nicht erklärbar. Erst wenn wir die Lebensenergie als ordnende, Struktur bildende Kraft einbeziehen, wird die Entstehung von Leben und damit auch die Bildung von geordneten Strukturen plausibel. Die Ordnung, die wir zur gesunden Zellbildung benötigen, beziehen wir außerdem aus Nahrungsmitteln, die selbst durch die Lebensenergie hochgeordnet sind. Umgekehrt kann es im Lebendigen auch zu einem Verlust von Ordnung kommen: wenn wir krank oder verletzt sind. Krankheit ist von einem Verlust von Ordnung begleitet, die zu Strukturverlust führt.

Das Wesen der Veränderung

Eng mit der Fähigkeit, Ordnung zu bilden, ist ein weiteres Merkmal des Lebendigen verbunden: die permanente Veränderung. Wir bilden Ordnung, aber sie ist nicht statisch, sie verändert sich dauernd. Was lebt, ist ständig in Bewegung. Leben ist Bewegung. Von der Zeugung bis zum Tod gibt es keinen Tag ohne Bewegung, ohne Veränderung. Schon Heraklit erkannte: „Du steigst niemals zweimal in den selben Fluss."

Stirb und werde - der ewige Fluss des Lebens

Wenn wir beide einander morgen begegnen, sehen wir zwar äußerlich so aus wie heute, aber in uns hat permanent Veränderung stattgefunden. Sind Sie sich bewusst, dass Ihr Körper ca. 10.000.000 neue Zellen pro Sekunde bildet? Richtig gelesen: Zehn Millionen! Zellneubildung und Zelltod, vom Anorganischen zum Organischen und retour, findet in jeder Sekunde Ihres Lebens statt. Schon deshalb sind Sie heute nicht mehr derjenige, der Sie gestern waren oder morgen sein werden. Die Veränderung ist nicht einmal minimal, sie ist gigantisch: In sechs Wochen weist Ihre Leber vollständig neue Zellen auf, Ihre Bauchspeicheldrüse in elf Tagen, Ihre Darmschleimhaut in nur einem Tag.

Beobachten Sie einmal einen großen Ameisenhaufen oder ein Bienenvolk. Äußerlich bleibt der Haufen oder der Bau gleich, aber innen ist ständig alles in Bewegung. Die einzige Konstante, die Sie finden werden, ist die Veränderung. Genau so verändert sich Ihr Körper, jeden Augenblick. Stoffe werden aufgenommen und verändert, andere Stoffe abtransportiert, das Blut fließt im Rhythmus Ihres Herzens durch die ca. 40.000 Kilometer Gefäße, Zellen sterben ab und neue Zellen werden gebildet. Ihr Körper ist ein Wunderwerk der Natur.

Neue Forschungen haben gezeigt, dass sogar innerhalb der Zelle ständig Bewegung stattfindet. Die so genannten Zellorganellen (so benennt man die Zellbestandteile) bewegen sich permanent in einer bestimmten Richtung, was für die Gesunderhaltung und Ernährung der Zelle von Bedeutung ist.

Was passiert jedoch, wenn der Fluss, das „Stirb und Werde“, gestört wird? Am deutlichsten wird uns das im Falle einer Krebserkrankung. Krebszellen haben nicht nur eine andere Struktur als gesunde Zellen, sie leben auch deutlich länger. An ihnen geht das Wesen der Veränderung vorbei. Bei Krebszellen tritt der geplante Zelltod (Apoptose) nicht ein, sie wollen scheinbar ewig leben.

Zusammenfassung

Leben ist definiert durch Bewegung. Das unfassbare Maß an Bewegung, das ständig in uns stattfindet, ist durch Energiegewinnung aus Nahrungskalorien keineswegs erklärbar. Erst wenn wir die Lebensenergie als grundlegende Kraftquelle ins Spiel bringen, wird der Fluss des Lebens, mit dem wir uns laufend weiterentwickeln und neu erschaffen, begreiflich. Wird dieser Fluss aber gehemmt und ist damit permanente Veränderung nicht mehr möglich, dann tritt Krankheit ein. Die Krebszelle beispielsweise verweigert die Veränderung, sie stirbt nicht wie andere Zellen, sondern lebt viel länger.

Die biologischen Rhythmen

Als drittes Merkmal des Lebendigen kommt, zur Fähigkeit permanent Ordnung zu bilden, der Rhythmus hinzu. Die Bewegung/Veränderung ist nicht linear, kontinuierlich und berechenbar, sie ist rhythmisch. Der Körperrhythmus oder vielmehr die Körperrhythmen, denn es handelt sich um viele fein aufeinander abgestimmte Rhythmen, sind eng mit den Rhythmen der Natur verbunden und bestimmen unsere Gesundheit maßgeblich. Jedes einzelne Ihrer Organe (Herz, Lunge, Leber) spielt seinen Part innerhalb des großen Orchesters. Wird jedoch aus Rhythmus Takt, tritt Starrheit ein, hört das lebendige gemeinsame Schwingen auf. Dann ist der Fluss des Lebens gestört und das hat Folgen für das Lebewesen. Geht der Rhythmus des Lebendigen verloren, dann kann Krankheit entstehen.

Das gemeinsame Schwingen

Der Rhythmus ist somit die wichtigste Gliederung der Zeit, wenn wir lebende Systeme betrachten. In den Verbindungen der Rhythmen ist jedoch das Ursache-Wirkungsdenken nicht mehr anwendbar, hier folgt nicht eins aufs andere, wenn es uns auch so vorkommen mag. Das beste Beispiel dafür sind Ebbe und Flut und der Lauf des Mondes. Man geht im Allgemeinen davon aus, dass die Schwerkraft des Mondes den Rhythmus der Gezeiten bestimmt. Kann es aber nicht vielleicht auch so sein, dass Mond und Meere durch aufeinander abgestimmte Naturrhythmen miteinander verbunden sind und wir dadurch gleichzeitig einen bestimmten Mondstand und Flut bzw. Ebbe beobachten können?

Moderne Forschungen zeigen, dass viele Krankheiten, zum Beispiel auch die Krebserkrankung, mit einem Verlust der Körperrhythmen beginnen. Geht der Rhythmus verloren, steigt die Anfälligkeit für Krankheiten. Bei der Krebszelle fällt deutlich auf, dass sie entrhythmisiert ist, den natürlichen Lebenszyklus verlassen hat und wesentlich länger lebt.

Die Rhythmen sind darstellbar

Man kann die Rhythmen eines menschlichen Organismus bereits mit einfach zu handhabenden Geräten registrieren. Dabei wird die so genannte Herzratenvariabilität aufgezeichnet, aus der sich verschiedene andere Rhythmen berechnen lassen. Eines dieser Geräte wurde vom

Physiologen Prof. Dr. Maximilian Moser im Rahmen des Österreichisch-Russischen Weltraumexpeditions-Projekts „Mir“ entwickelt. Das Gerät ist in der Lage, Entrhythmisierung im Organismus des Menschen frühzeitig zu erkennen, noch bevor organische Schäden entstanden sind.

Zusammenfassung
Lebende Systeme verändern sich nicht nur permanent, sie verändern sich in bestimmten Rhythmen, die mit den Rhythmen der Natur verbunden sind. Diese Verbindung wird durch die Lebensenergie hergestellt. Die biologischen Rhythmen stellen eine wesentliche Grundlage für die Erhaltung unserer Gesundheit dar. Verliert ein Lebewesen seinen natürlichen Rhythmus, dann kann Krankheit eintreten.

Das Nicht-Gleichgewicht

Ein typisches Merkmal des Lebendigen ist das „Nicht-Gleichgewicht“. Nur dadurch, dass im Körper selbst unterschiedliche elektrische Ladungen vorhanden sind und zu permanenten Aktionen führen, kann es zu einem Energiefluss kommen. Fließen von Energie ist Ausdruck und Voraussetzung von Lebendigkeit.

Lebewesen sind eigenständige Energiekörper

Im übertragenen Sinne kann man folgenden Vergleich heranziehen: Sind bei der Batterie Ihres Autos die Pole plus und minus ausgeglichen, dann werden Sie das Auto nicht starten können. Erst wenn Sie die Batterie wieder laden, kann das Auto gestartet werden.

Auch die grundlegende Lebensfunktion der Zelle ist von einem Nicht-Gleichgewicht abhängig. Jede Zelle Ihres Körpers arbeitet, indem sie das Nicht-Gleichgewicht von positiver und negativer Ladung nützt. Je größer der Unterschied zwischen positiver und negativer Ladung ist, desto leistungsfähiger ist die Zelle, desto höher ist ihr Energiepotenzial. Man nennt es das „Membranpotenzial“. Es ist von Zelltyp zu Zelltyp verschieden, aber immer vorhanden. Beispielsweise ist die rhythmische Veränderung dieses Potenzials der Herzmuskelzellen dafür verantwortlich, dass Ihr Herz schlägt. Sie kennen sicher die Methode des „Defibrillierens“ bei Herzstillstand, wo mit Hilfe von Strom versucht wird, den Energiefluss des Herzens und damit den Herzschlag wieder herzustellen.

Ein weiteres Beispiel für das Nicht-Gleichgewicht als Merkmal des Lebendigen ist die Beobachtung, dass Lebewesen sich im Gegensatz zu allem Nicht-Belebten außerhalb des thermischen Gleichgewichtes befinden. Wenn Sie einen Ziegelstein in eine 90 Grad heiße Sauna legen, wird er nach kurzer Zeit die Umgebungstemperatur annehmen, Sie hingegen werden Ihre Körpertemperatur konstant halten. Eine Tasse mit heißem Kaffee wird abkühlen, wenn man sie stehen lässt. Ein Lebewesen wird hingegen erst „erkalten", ins thermische Gleichgewicht gehen, nachdem der Tod eingetreten ist.

Die unerschöpfliche Energiequelle

Das Merkmal des „Nicht-Gleichgewichts" weist uns darauf hin, dass Lebewesen eigenständige Energiekörper und in dem Rahmen, in dem Leben möglich ist, von der Umgebung unabhängig sind. Wer aber macht sich Gedanken darüber, wo die Energie herkommt, welche Energiequelle der Mensch „anzapft", um all seine Lebensfunktionen erfüllen zu können? Für mich steht hier eindeutig die Lebensenergie dahinter, die letztlich auch für den Aspekt der Gesundheit entscheidend ist. Übrigens, verwundert es Sie, dass sich das Membranpotenzial von Krebszellen von dem gesunder Zellen unterscheidet? Es ist niedriger, somit hat sich die Lebensenergie verringert. Oder hat sich zuerst die Lebensenergie verringert und hat sich dadurch das Potenzial gesenkt? Warten wir ab.

<u>*Zusammenfassung*</u>

Nicht-Gleichgewicht ist das vierte Merkmal des Lebendigen und heute physikalisch nicht erklärbar. Dass unsere „Batterien", Voraussetzung für die Lebensfunktion der Zellen, ständig geladen sind und dass wir unsere Körpertemperatur konstant halten können, anstatt in thermischen Ausgleich mit der Umgebung zu gehen, wird nur durch die Lebensenergie als permanente Energiequelle verständlich. Verringert sich die Fähigkeit zum Nicht-Gleichgewicht, etwa durch Senkung des Membranpotenzials, ist das ein Zeichen von Krankheit.

Die Kommunikation

Eines der wesentlichsten Merkmale lebender Systeme ist die Kommunikation, der Austausch von Informationen. Ein Lebewesen nimmt permanent Informationen aus seiner Umgebung auf, über Licht, Schall, Aufnahme von Sauerstoff und Nährstoffen, und gibt gleichzeitig auch Informationen an die Umgebung ab. Leben kommuniziert.

Informationsaustausch dient der Erhaltung des Lebens

Der Informationsfluss läuft oft sehr subtil und mit minimalem Aufwand ab, trotzdem trägt er wesentlich zur Erhaltung des Lebens bei. Er findet nicht nur zwischen dem Lebewesen und der Außenwelt statt, auch die Zellen innerhalb eines Lebewesens tauschen untereinander Informationen aus. Dieser Vorgang ist maßgeblich an der Gestaltbildung beteiligt.

> *Die Kommunikation ist es konsequenterweise, die das Leben über das thermische Gleichgewicht erhebt und dafür sorgt, dass es sich über dem chaotischen Zustand, der ja ein abgeschlossenes System kennzeichnet, erhalten und entwickeln kann.*
>
> Fritz-Albert Popp, Neue Horizonte in der Medizin

Der Austausch von Informationen findet in allen lebenden Systemen statt. Zwischen dem Menschen und seiner Umwelt genauso wie in Familien, Firmen oder zwischen Arzt und Patient. Informationsaufnahme und -verarbeitung sind lebenserhaltend und können sogar lebensrettend sein, wie man bei Naturkatastrophen beobachten kann. Im Yale-Nationalpark in Sri Lanka wurden nach der katastrophalen Flutwelle, die im Winter 2004 200.000 Todesopfer in der gesamten Region forderte, keine Tierkadaver gefunden - sie flohen rechtzeitig in die höher gelegenen Hügel, wie auch eine Gruppe von Elefanten in Thailand, die damit einigen Touristen auf ihrem Rücken das Leben retteten. Offensichtlich waren die Tiere in der Lage, Informationen (wahrscheinlich Schallwellen) aufzunehmen und sich in Sicherheit zu bringen.

Biologische Kommunikationsforschung

Bahnbrechende Forschungsarbeiten aus Novosibirsk unter der Leitung von Prof. V.P. Kaznachev haben gezeigt, dass verschiedene Zellkulturen ebenfalls miteinander in Verbindung treten können. Bei diesen Versuchen wurden an einem Virus erkrankte und gesunde Zellen eines bestimmten Zelltyps in getrennte, luftdicht abgeschlossene

Glaszylinder verpackt. Näherte man die Zylinder einander an, dann zeigten die gesunden Zellen nach einiger Zeit ebenfalls typische Krankheitsmerkmale. Dieser Effekt trat ein, obwohl es zu keinerlei stofflichem Austausch von Krankheitserregern gekommen sein konnte. Er trat aber nur dann ein, wenn das Trennglas aus für UV-Licht durchlässigem Quarzglas bestand und die Zellpopulationen annähernd gleich groß waren. Waren von den gesunden Zellen wesentlich mehr vorhanden als von den kranken oder verwendete man normales Fensterglas, dann blieb der Effekt aus. Diese und ähnliche Versuche wurden im Rahmen der Russischen Akademie der Wissenschaften viele tausend Male durchgeführt, immer mit den gleichen Resultaten.

Zusammenfassung
Lebewesen sind offene Systeme, die mit der Umgebung in einem permanenten Informationsaustausch stehen. Er ist Grundbedingung für das Leben, ist Gestalt gebend und gleichzeitig System erhaltend. Nimmt der Informationsfluss ab, verblasst die Lebendigkeit und Strukturen werden aufgelöst.

Die fünfte Kraft

Im Laufe der Jahrtausende wurden für die Lebensenergie viele Namen gefunden und viele Konzepte vorgelegt. Zu den ältesten gehört der Begriff des „Chi“ aus der TCM (*Traditionelle Chinesische Medizin*) und der Begriff des „Prana“ aus dem indischen *Ayurveda*. Innerhalb dieser Medizinsysteme hat die Lebensenergie ihren Platz bis heute bewahrt. Später folgten auch Konzepte einzelner Wissenschaftler, die sich eigener Begriffe bedienten.

Verschiedene Begriffe für das Prinzip der Lebensenergie

Aristoteles war vor etwa 2400 Jahren beeindruckt von der Fähigkeit der Lebewesen, zu wachsen und sich fortzupflanzen. Er benutzte das Wort Energeia, um den Schritt aus der Potenzialität in die Aktualität zu beschreiben. Das gestaltende Prinzip nannte er Entelechie, eine Form, die danach strebt, sich mittels Energeia im Stoff zu verwirklichen. Hippokrates, der Vater der Medizin, glaubte an eine dem Leben innewohnende Kraft, die er Enormon nannte.

Paracelsus beschäftigte sich in der ersten Hälfte des 16. Jahrhunderts mit der Lebenskraft, er verwendete den Ausdruck Iliaster. Diesen Begriff verwendete er sowohl für Lebenskraft als auch für belebte Materie. Gesundheit war für Paracelsus dann gegeben, wenn der Mensch sich in Harmonie mit dem Kosmos befindet. Samuel Hahnemann entwickelte mit der Homöopathie ein lebensenergetisches Heilsystem. Homöopathische Heilmittel sind potenziert und helfen den Menschen, die Lebenskraft wieder zur freien Entfaltung zu bringen. Wilhelm Reich, ein Schüler Freuds, fand ebenfalls eine universelle Lebensenergie, die er Orgon nannte. Für Reich war es allerdings nicht mehr ungefährlich, sich mit seinen Forschungen zu beschäftigen. Er musste aus mehreren Ländern der Erde fliehen und starb, einen Tag vor seiner Entlassung, in einem amerikanischen Gefängnis. Der wichtigste Beitrag von Reich zu Erforschung der Lebensenergie war sicherlich, dass er einen psychotherapeutischen Ansatz auf einer energetischen Basis entwickelte.

Der Versuch von Morley und Michelson

Etwa zur Zeit von Paracelsus kam der Begriff „Äther“ als Synonym für die Lebensenergie auf. Die offizielle Physik arbeitete viele Jahrhunderte damit, bis Morley und Michelson sich Ende des 19. Jahrhunderts in den Kopf setzten, den Äther nachzuweisen. Gelingen sollte dies mit Hilfe eines Lichtstrahls. Man nahm an, dass das Licht sich senkrecht und waagrecht zum Fluss des Äthers mit verschiedenen Geschwindigkeiten ausbreiten müsste. Das Experiment brachte aber nicht das erwartete Ergebnis, das Licht breitet sich mit einer konstanten Geschwindigkeit in alle Richtungen aus, mit der bekannten Lichtgeschwindigkeit von 300.000 km pro Sekunde. Ein Lichtstrahl kann also in der Sekunde ca. sieben Mal um die Erde flitzen.

Nach dem gescheiterten Michelson-Morley-Experiment veröffentlichte Albert Einstein 1905 seine Allgemeine Relativitätstheorie und behauptete, dass sich nichts schneller fortbewegen könne als das Licht und dass die Geschwindigkeit des Lichtes endlich sei. Da die Relativitätstheorie im Gegensatz zum Äther in Experimenten nachgewiesen werden konnte, wurde der Begriff des Äthers auf Anraten Einsteins offiziell abgeschafft und kein Wissenschaftler, der eine Karriere anstrebte, getraute sich mehr, darüber zu sprechen oder gar zu schreiben.

Die Grundkräfte

Bis zum heutigen Tag beschäftigten sich dennoch Forscher weiterhin mit dem Begriff der Lebensenergie. Angeregt von den zahlreichen unerklärlichen Phänomenen, den Ungereimtheiten und offensichtlichen Widersinnigkeiten in unseren wissenschaftlichen Grundlagen führten sie Experimente durch, deren Ergebnisse die konventionelle Biologie und Physik gehörig in Frage stellen.

Stellvertretend für viele Forscher, die in diese Richtung denken oder gedacht haben, sei der Name David Bohm genannt. David Bohm geht in seinen Theorien davon aus, dass Elektronen natürlich den bekannten Naturkräften ausgesetzt sind. Doch nach seiner Meinung sind dies nicht die einzigen Kräfte, die auf ein Elektron wirken. Nach Bohm muss es noch eine für die Physik völlig neue Kraft geben, die auf die Elektronen einwirkt. Er nannte sie das Quantenpotenzial. Bohm behauptete, dieses Quantenpotenzial wirke auf eine grundlegend andere Weise als alle Kräfte, die bisher in der Physik vorgeschlagen worden sind. Er behauptete, nicht die Größe der Kraft spiele eine Rolle, sondern ihre Information. Flugzeuge werden heutzutage größtenteils durch Autopiloten gesteuert. Die Kraft der Signale, die von Satelliten oder Bodenstationen ausgehen, ist natürlich nicht groß genug, um die Richtung des Fluges zu beeinflussen. Es ist die Information, auf die das Navigationssystem reagiert. Ähnlich reagieren Elektronen auf die Information des Quantenpotenzials.

Bohm hat mit seiner Annahme einer für die Physik noch unbekannten Grundkraft deutlich auf das Manko der heutigen Physik hingewiesen. Sie geht derzeit von vier bekannten Grundkräften aus. Es sind dies die elektromagnetische Kraft, die starke und die schwache Kernkraft und die Gravitation, die schwächste der vier Grundkräfte. Diese Kräfte sind anerkannt, weil man jede von ihnen beobachten kann. Doch paradoxerweise hat jede dieser Grundkräfte Eigenschaften, die man feststellen kann, die aber die Eigenschaften anderer Grundkräfte ausschließen. Das bedeutet, dass jede dieser erkannten Teilkräfte für sich genommen logisch ist, doch weder universell gültig, noch zusammen ein Ganzes ergibt. Es ist der offiziellen Physik bis heute noch nicht gelungen, eine einheitliche Theorie zu finden, die die vier Grundkräfte vereinigt, die erklärt, wie sie zusammenspielen. Genausowenig ist es übrigens gelungen, die Relativitätstheorie mit der Quantenphysik zu verbinden.

Die fünfte Kraft

Viele Forscher vermuten daher, dass hier eine weitere Kraft wirken muss – wir nennen sie die Lebensenergie. Sie hat klar definierbare Merkmale, die ihren besonderen, übergeordneten Charakter zeigen:

- Sie ist grundverschieden von den vier bisher bekannten Grundkräften und steht dennoch mit ihnen in Beziehung.
- Sie vermittelt Information (In-Form bringen) und hat so einen ordnenden, strukturierenden Charakter.
- Sie existiert unabhängig von lebenden Organismen auch in der unbelebten Natur.
- Sie äußert sich in Wärmeproduktion, die ein Kennzeichen der meisten Lebewesen ist.
- Sie ist pulsierend und rhythmisierend.
- Man kann sie weder messen noch quantifizieren und sie hält sich an keine Logik.
- Sie ist Raum und Zeit übergreifend.

Weitere Bezeichnungen für die Lebensenergie sind: „fünftes Feld" oder „fünfte Kraft" (zu den vier bekannten Kräften der Physik), „morphogenetisches Feld" (Gestalt gebendes Feld, ein Feld aus dem heraus sich etwas realisiert). Neueste Forschungen verwenden auch den Begriff „Nullpunktenergie" oder „Nullpunktfeld", denn ihre Fluktuationen sind theoretisch auch dann noch nachweisbar, wenn die Temperatur am absoluten Nullpunkt liegt, dem niedrigsten möglichen Energiezustand. Dies ist die Energie, die übrig bleibt, wenn keine Wärmebewegung mehr stattfindet, nichts mehr da ist, was eine Bewegung erzeugen könnte.

Der Motor unseres Daseins

Lynne McTaggart, eine Wissenschaftsjournalistin, die acht Jahre lang zahlreiche Physiker, Biologen, Naturwissenschaftler und Bewusstseinsforscher für ihr Buch „Das Nullpunkt-Feld" interviewt hat, schreibt in ihrem Vorwort: „Menschliche Wesen und alle lebenden Geschöpfe sind energetische Einheiten in einem Feld aus Energie, verbunden mit allem und jedem auf dieser Welt." Dieses pulsierende Energiefeld sei der zentrale Motor unseres Daseins und Bewusstseins, verantwortlich für unsere höchsten geistigen Funktionen und zugleich die Informationsquelle, die das Wachstum unseres Körpers lenke. Sie schreibt weiter: „Es ist unser Gehirn, unser Herz, unser Gedächtnis, letztlich eine Blaupause der Welt für alle Zeit. Dieses Feld, und nicht Mikroben oder Gene, entscheidet letzten Endes darüber, ob wir gesund oder krank sind." Lynne McTaggart zieht daraus den Schluss, dass dies die Kraft sei, die wir anzapfen müssen, um wieder gesund zu werden. Wir seien untrennbar mit der Welt um uns herum verbunden, und unsere Beziehung zu ihr sei unsere einzige fundamentale Wahrheit.

<u>Zusammenfassung</u>

Wissenschaftler beschreiben die Lebensenergie als eine Art übergeordnetes pulsierendes Energiefeld außerhalb von Zeit und Raum mit ordnendem, strukturierendem, rhythmisierendem Einfluss, das alles durchdringt. Es ist dies eine Energiequelle, die permanent in uns wirkt, der wir uns aber auch gezielt öffnen können und die diesen Einfluss dann verstärkt auf uns ausübt. Davon profitiert unsere Gesundheit unmittelbar und nachhaltig.

Eine lebensverändernde Sichtweise

Was heißt das nun in unserem täglichen Tagesablauf, was können wir damit konkret anfangen? Zum Beispiel könnten wir die Lebensenergie als Kraft bewusst in unser Leben einbeziehen.

Eines Tages brachte mir ein Mann ein Schreiben, das ihm von einer internen Abteilung eines Krankenhauses vorgelegt worden war. Bei diesem Mann war Krebs diagnostiziert worden, und als er überlegte, ob er die vorgeschlagene Chemotherapie ablehnen sollte, hatte man ihn aufgefordert, folgende Zeilen zu unterschreiben:

„Ich willige in die mir vorgeschlagene medikamentöse Therapie nicht ein. Ich wurde darüber aufgeklärt, dass ohne die Therapie meine Erkrankung wahrscheinlich einen ungünstigen Verlauf nehmen wird und dadurch meine Lebenserwartung deutlich verkürzt werden kann."

Natürlich wurden aus rechtlichen Gründen die Worte „wahrscheinlich" und „kann" eingefügt, aber, Hand aufs Herz, welcher Patient, der an Krebs leidet, wagt es nach dem Lesen dieser Zeilen, eine Chemotherapie zu verweigern? Und wie viel Mut wird ihm gemacht?

Wie gefallen Ihnen statt dessen diese Zeilen, die die Existenz der Lebensenergie einbeziehen:

„Ich wurde darüber aufgeklärt, dass ich an Krebs leide. Meine Krankheit resultiert aus einem Mangel an Lebensenergie. Mir wurden Möglichkeiten vorgeschlagen, die Lebensenergie zu erhöhen und somit die Krankheit auszuheilen. Außerdem wurde mir mitgeteilt, dass es immer wieder zu Spontanheilungen kommt und dass dies auch bei mir der Fall sein kann. Es wurden mir Entspannungsübungen beigebracht, die meine Genesung unterstützen. Ich vertraue dem mich behandelnden Ärzteteam, alles Notwendige zu unternehmen und stimme, falls dies vorgeschlagen wird, einer Chemotherapie zu."

Fühlen Sie den Unterschied? Erkennen Sie, wie sehr das Konzept der Lebensenergie Ihr Leben verändern kann?

Ein neuer Weg

Stellen Sie sich einmal eine Kraft in Ihrem Leben vor, die ordnend und unendlich ist. Eine Kraft, die Ihren Körper durchflutet und von der Sie ein Teil sind. Die Lebensenergie verbindet alles Lebendige und auch die nicht belebte Materie miteinander. Sie ist die Grundlage für einen neuen Weg in der Wissenschaft, der auch unseren Alltag enorm verändern wird.

Ich bin überzeugt, dass Sie als Kind an Wunder geglaubt haben. Irgendwann wurde Ihnen aber beigebracht, dass es keine Wunder gibt. Das stimmt auch. Es gibt keine Wunder, es gibt nur Beobachtungen, die wir mit unserem mühsam antrainierten Weltbild nicht erklären können. Stimmen nun die Beobachtungen oder stimmt unser wissenschaftliches Bild vom Lebendigen? Werfen Sie doch selbst einen Blick auf einige dieser „Purzelbäume der Natur“ ...

Purzelbäume der Natur

Eine falsche Hypothese ist besser als gar keine; denn dass sie falsch ist, ist gar kein Schade, aber wenn sie sich befestigt, wenn sie allgemein angenommen, zu einer Art Glaubensbekenntnis wird, woran niemand zweifeln, welches niemand untersuchen darf, dies ist eigentlich das Unheil, woran Jahrhunderte leiden.

Johann Wolfgang von Goethe

Es war noch während meiner Ausbildungszeit im Krankenhaus, da lernte ich einen Mann Mitte Fünfzig kennen. Der Grund seines Krankenhausaufenthaltes in der internen Abteilung war seine Lunge, in der man unzählige Metastasen fand. Die Suche nach dem Primärtumor verlief allerdings ohne Erfolg. So wurde der Mann nach Hause entlassen, ohne dass man ihm viel Hoffnung auf Genesung machen konnte. Umso erstaunter war ich, als ich den Mann ein Jahr später in dem selben Krankenhaus wiedersah. Diesmal war der Grund seines Aufenthaltes ein Schmerz in der Lendenwirbelsäule. Natürlich wurde bei dieser Gelegenheit auch ein Röntgenbild seiner Lunge gemacht, es konnte aber keine einzige Metastase mehr nachgewiesen werden.

Ein Wunder? Ein „Purzelbaum der Natur", wie ich es gerne bezeichne, wenn Lebewesen sich „anormal" verhalten, wider alle Erwartungen? Mit dem heutigen Physikmodell ist das nicht erklärbar, aber mit der Theorie der Lebensenergie ist eine solche Spontanheilung absolut vorstellbar.

Dieser Mann ist nicht der einzige Patient geblieben, der mich völlig verblüffte. Bis heute habe ich noch öfter Beispiele für Spontanheilungen beobachten dürfen. Dr. Herbert Kappauf, ein Onkologe aus Deutschland, berichtet in seinem Buch „Wunder sind möglich – Spontanheilungen bei Krebs" umfassend und fundiert über mehrere solche Fälle, für die es wissenschaftlich keine Erklärungen gibt.

Seltsamerweise werden für diese Randthemen kaum Forschungsgelder bereitgestellt. Der Grund dafür ist wohl, dass die Wissenschaft der Wirtschaft unterstellt ist und nicht, wie es sein sollte, umgekehrt. Mit Spontanremissionen lässt sich nun einmal sehr schwer Geld verdienen, und kranke Menschen stellen einen wichtigen Wirtschaftsfaktor dar.

Wundersames Wasser

Dennoch, die Natur kümmert sich einfach nicht darum, ob wir glauben, dass etwas sein darf oder nicht. Besonders klar wird uns das in jenen Augenblicken, wo wir Dinge beobachten können, für die es keine Erklärung im klassischen Sinn gibt, „Purzelbäume der Natur" eben. Es sind Beobachtungen, die den allgemeinen Regeln widersprechen. Achselzuckend werden sie von den Wissenschaftskreisen zur Kenntnis genommen, ohne dass darüber viel nachgedacht wird. Vielleicht sind es aber gerade diese Ungereimtheiten, die uns weiterbringen könnten.

Ich habe mich in den letzten Jahren sehr intensiv mit einem faszinierenden Wesen beschäftigt, das sich beharrlich weigert, in ein zu enges Korsett der Wissenschaft gezwängt zu werden: das Wasser. Unser Lebensquell, der Ursprung allen Lebens, wie wir es gerne poetisch bezeichnen, verhält sich ganz und gar nicht so, wie wir es nach den gültigen Gesetzen der Physik erwarten. Beispielsweise müsste es, weil es aus zwei Gasen, Sauerstoff und Wasserstoff, besteht, eigentlich selbst auch ein Gas sein. Sein Gefrierpunkt müsste bei -120 Grad Celsius liegen und sein Siedepunkt bei -75 Grad Celsius. Wasser dürfte nicht dichter als Eis sein, es hat seine größte Dichte aber bei 4 Grad Celsius.

Ist Wasser also ein Rebell, der alles über den Haufen wirft, was wir uns so schön zurechtgelegt haben? Nun, man hat sich hier darauf geeinigt, nicht weiter nachzufragen und diese Peinlichkeit auf elegante Art gelöst: Wasser verhält sich aus der Sicht der heutigen Naturwissenschaften „anormal". In 13-facher Hinsicht, soweit heute bekannt ist. Im Grunde bedeutet das aber nichts anderes als das Eingeständnis: „Wir kennen uns beim Wasser nicht aus."

Die Merkmale des Lebendigen

Und beim Menschen? Wie vieles ist da anormal? Oder, anders herum gefragt, wie viel Grundlegendes wird hier nicht verstanden? Der Mensch besteht zum größten Teil aus Wasser – das Baby zu 80 %, der alte Mensch mindestens noch zu etwa 55 %.

Die Tragweite dieses Unverständnisses wird einem erst bei näherer Betrachtung bewusst. Wir werden sogar direkt zur Entstehung des Lebens geführt! Denn die als anormal geltenden Eigenschaften haben kurioserweise Leben auf diesem Planeten erst möglich gemacht.

Wäre Wasser beispielsweise nicht dichter als Eis, dann würden sämtliche Gewässer im Winter von unten nach oben zufrieren und Leben hätte nie entstehen können. Oder, ein anderes Beispiel, wenn die Wärmekapazität des Wassers nicht ausgerechnet bei 37 Grad Celsius, der Körpertemperatur, ihr Minimum erreichen würde, dann würde die Wärmeaufnahme und Wärmeabgabe nicht begünstigt werden. Dann wäre die Temperaturreglerfunktion des Wassers nicht gegeben, die aber für das Nicht-Gleichgewicht als Merkmal des Lebendigen so bedeutend ist.

Jetzt ahnen Sie wahrscheinlich schon, worauf ich hinaus will. Die Merkmale des Lebendigen, wie ich sie im vorigen Kapitel dargestellt habe, sind unmittelbar und untrennbar mit dem Wasser verbunden! Weil darin dieselbe Kraft wirkt? Der hohe Wasseranteil in unserem Körper steht jedenfalls damit in Verbindung, dass

- in unserem Körper Zellen in Ordnung gebildet werden,
- permanente Bewegung in uns stattfindet,
- unsere Rhythmen synchron ablaufen und an die großen Naturrhythmen angepasst sind,
- wir im Nicht-Gleichgewicht mit der Umgebung sein können.

Das Zellwasser (intrazelluläres Wasser) wird sogar als der „Hüter der Ordnung“ bezeichnet. Selbst formlos, ist es Bewahrer der wichtigsten Form: Es trägt und stabilisiert die Eiweiße im Zellinneren. Nur wo Ordnung herrscht, kann Leben in gesunder Form existieren!

Auch die Bewegung ist allgegenwärtig in unserem Körper, die verschiedenen Körperwässer wie Blut, Bindegewebsflüssigkeit, Lymphe, Rückenmarksflüssigkeit durchfließen uns permanent und halten uns so am Leben. Sogar das Zellwasser im Zellinneren ist ständig in Bewegung. Es bildet einen Strom, der die Zellorganellen in eine bestimmten Richtung bewegt.

Für die Rhythmisierung unserer Körperabläufe ist schließlich das Bindegewebswasser, das auch als der „Hüter der Rhythmen“ bezeichnet wird, verantwortlich. Es ist nicht nur Transitstrecke für die Versorgung der Zelle mit Sauerstoff und Nährstoffen aus dem Blut und den Abtransport von Rückständen aus dem Zellstoffwechsel zur Lymphe hin, es ist auch ein wichtiges Informationssystem. Denn keine Zelle ist mit einer anderen unmittelbar verbunden, stets ist die Bindegewebsflüssigkeit als Mittlerin dazwischen.

Der Satz „Wasser ist Leben“ ist also weit mehr als eine schöne Metapher und Wasser ist für jeden, der sich mit dem Leben befasst, ein faszinierendes Forschungsgebiet.

Belebtes Wasser

Sie werden sich jetzt aber vielleicht dennoch fragen: „Was haben die Merkmale des Lebendigen und das Wasser mit der Lebensenergie zu tun, um die es ja in diesem Buch geht?“

Im Wasser wirkt offenbar dieselbe Kraft wie anhand der Merkmale des Lebendigen beobachtet werden kann. Vor allem gibt es derzeit keine anderen Erklärungen dafür. Mich hat nun besonders interessiert, ob man die Lebensenergie im Wasser noch steigern kann. Ob man es „beleben“ kann (der Begriff der „Belebung“ scheint mir gerade in dem Zusammenhang passender und er geht auch noch weiter als der gebräuchlichere Begriff „energetisieren“, also mit Energie anreichern). Weiters interessierte mich, ob man diese Belebung auch nachweisen kann.

Zu diesem Zweck haben wir normales Leitungswasser in einer sehr hohen Geschwindigkeit verwirbelt und danach die Untersuchungen durchgeführt. Zum Erstaunen aller Wissenschaftler, mit denen wir zusammengearbeitet haben, konnten wir wissenschaftlich nachweisen, dass Wasser nach der Verwirbelung tatsächlich andere Eigenschaften besitzt. Eines der markantesten Merkmale ist, dass das Wasser ein anderes Kristallisationsmuster zeigt. Es bildeten sich Muster mit hoher Ordnung, die den Strukturen lebender Systeme sehr ähnlich waren. Eine Folge von mehr Lebensenergie?

Ist dieses belebte Wasser geeignet, die permanente Bewegung in uns, also den Zellstoffwechsel (mit Zellneubildung und planmäßigem Zelltod), in der richtigen Ordnung und im richtigen Rhythmus zu fördern und das Nicht-Gleichgewicht zu unterstützen? Vieles weist darauf hin.

Für mich am erstaunlichsten war, dass die Belebung anhielt. Auch nach Wochen konnten wir belebtes von nicht belebtem Wasser deutlich unterscheiden. Wasser hat also offensichtlich eine Art von Gedächtnis im Sinne von Strukturbildung, und man kann daraus rückschließen, dass diese Eigenschaft auch für die Strukturausbildung unserer Zellen verantwortlich ist. Erklärbar ist das Anhalten der Belebung nicht, auch nicht mit der so genannten „Clustertheorie“.

Diese Theorie geht davon aus, dass Wassermoleküle sich nicht lose bewegen, sondern in Molekülhaufen, Clustern, vorliegen. Wenn es diese Cluster tatsächlich gibt, dann lösen sie sich nach den Berechnungen innerhalb von 10^{-9} Sekunden auf und formieren sich neu. Es bleibt daher die Frage offen, warum das veränderte Kristallisationsverhalten über Monate bestehen bleibt.

Geheimnisvolle Wechselbeziehungen

Es gibt noch unzählige weitere „Purzelbäume der Natur“, die mit dem heutigen Physikmodell nicht erklärbar, aber mit der Theorie der Lebensenergie vorstellbar sind.

1982 wies etwa eine Forschergruppe um den französischen Wissenschaftler Alain Aspect nach, dass auch kleinste Teilchen in einer Wechselbeziehung zueinander stehen können. Lässt man in einer bestimmten Versuchsanordnung auf ein Teilchen „eins“ eine Kraft einwirken, dann verändert sich der Zustand eines mit diesem Teilchen verbundenen Teilchens „zwei“ augenblicklich, ohne jegliche Zeitverzögerung.

Der englische Biologe Dr. Rupert Sheldrake spricht seit vielen Jahren von morphogenetischen, also Gestalt bildenden Feldern. Sheldrakes Theorie lautet, dass es Felder gibt, die Raum und Zeit übergreifend wirksam sind und dass Lebewesen wie Menschen und Tiere Informationen aus diesen Feldern aufnehmen können. In einem Beitrag des ORF berichtete der Forscher von einem Hund in England, der genau wusste, wann seine Besitzerin nach Hause kam. In einem sorgfältig durchgeführten Experiment konnte Sheldrake nachweisen, dass der Hund sich exakt zu jenem Zeitpunkt auf dem Weg zum Fenster machte, an dem die Besitzerin mit der Heimreise begann, also zum Beispiel ein Lokal verließ. In anderen Arbeiten untersuchte der britische Forscher die Verbindung zwischen stillenden Müttern und ihren Babys. Viele der befragten Mütter gaben an zu wissen, wann ihr Kind sie brauchte, auch dann, wenn das Kind nicht in unmittelbarer Nähe war.

Das Aufspüren von Wasseradern

Ein weiteres Experiment, das die Wissenschaft nicht erklären kann, wurde im Europäischen Zentrum für Umweltmedizin in St. Pölten durchgeführt. Dieses Zentrum untersucht den Einfluss von Wasseradern auf den menschlichen Organismus. Hauptverantwortlich für die Arbeit sind das Land Niederösterreich und die Niederösterreichische Gebietskrankenkasse. In einem einfachen Experiment wurde untersucht, ob es Menschen möglich ist, unterirdisch verlaufende Wasseradern aufzuspüren. Die Testperson musste Angaben zum Ort der Wasserader, zu ihrer Tiefe und zu der jeweiligen Durchflussmenge machen. Die Ergebnisse waren überraschend. Erfahrene Rutengänger sind in der Lage, in über 90 % der Fälle den exakten Ort für eine Brunnengrabung zu bestimmen. Noch erstaunlicher war die Erkenntnis, dass in annähernd 85 % der Fälle auch die Tiefe der Wasserader und die Durchflussmenge des Wassers richtig bestimmt werden konnten. Wie ist es möglich, dass ein Mensch mit Hilfe eines einfachen Instrumentes, der Wünschelrute, die Tiefe einer Wasserader und die exakte Durchflussmenge angeben kann?

Der kosmische Reigen

Die Sonne tönt nach alter Weise
In Brudersphären Wettgesang,
und ihre vorgeschriebne Reise
vollendet sie mit Donnergang.
Ihr Anblick gibt den Engeln Stärke,
wenn keiner sie ergründen mag;
die unbegreiflich hohen Werke
sind herrlich wie am ersten Tag.
Johann Wolfgang von Goethe, Prolog Faust, Teil 1

Um Ihnen eine Vorstellung von der Größe der Kraft zu vermitteln, um die es sich bei der Lebensenergie handelt, möchte ich Ihnen ein paar Einblicke in die Ordnung des Universums geben. Über seine Entstehung gibt es noch unterschiedliche Meinungen. Die Theorie des Urknalls (big bang) ist derzeit sehr beliebt, wird aber von manchen Forschern bezweifelt. Eine interessante Frage stellt Erwin Laszlo: Kann es sein, dass im Moment des Urknalls bereits Informationen vorhanden waren? Informationen, die vielleicht aus einem oder mehreren „Vorgängeruniversen" stammten? Sie wären ein Hinweis auf ein informationsgebendes Feld. Roger Penrose fragt sich, warum das Universum sich die Mühe machen sollte, nach dem Urknall aus dem Zustand des höchstmöglichen Chaos („Entropie") heraus Strukturen aufzubauen, wenn sie dann doch wieder in der Entropie versinken sollen. Denn das besagt der zweite Hauptsatz der Thermodynamik, über dessen universelle Richtigkeit Zweifel aufkommen müssen.

Diese Fragen, auch wenn sie im Rahmen dieses Buches nicht näher beleuchtet werden können, zeigen einmal mehr, wie unstimmig unser heutiges physikalisches Weltbild ist, wenn wir die Theorie der Lebensenergie nicht miteinbeziehen. Die hohe Ordnung, die uns schließlich im Kosmos (heißt übersetzt „Ordnung") begegnet, ist für mich überhaupt nur durch die Existenz dieses übergeordneten Energiefeldes, der ordnenden Kraft, die alles durchfließt, erklärbar: Jede Ordnung, die wir im Kosmos erkennen – von der kleinsten, hochsymmetrischen Form einer Kieselalge bis zu den exakten Planetenbahnen –, ist Ausdruck der Lebensenergie und Zeichen ihres schöpferischen Wirkens.

Kosmische Harmonielehre

Genauso muss jede „echte“, in sich stimmige Ordnung, wie sie uns etwa in der Harmonielehre der Musik begegnet, auch Ausdruck dieser Kraft sein und mit ihr erkennbar in Beziehung stehen. Mit den Worten „die Sonne tönt“ weist uns schon der große Naturforscher und Dichter Goethe auf die enge Beziehung zwischen Musik, der Entstehung der Welt und der hohen Ordnung hin, die sich hier offenbart. Tatsächlich ist das Universum voller Klänge und Rhythmen, die unmittelbarer Ausdruck der Lebensenergie sind. Der Klang wirkt Struktur bildend, der Rhythmus wirkt entwickelnd. „Die Art und Weise, wie Musik entsteht, ist auch die Art und Weise der Entstehung der Welt“, schreibt Joachim Ernst Berendt, ein leider viel zu früh verstorbener Jazzmusiker, in seinem überragenden Buch „Die Welt ist Klang“.

Zu diesem Schluss veranlasste ihn vor allem der große Astronom Johannes Kepler, ein begnadeter Musiker, der bereits vor mehreren hundert Jahren, noch vor der Erfindung des Teleskops, die größten und die geringsten Abstände der Planeten von der Sonne berechnen konnte. Er fand darin die gleiche Ordnung wie in der musikalischen Harmonielehre. Setzt man etwa für den Planeten Saturn (A) seinen größten Abstand in Bezug zu seinem geringsten Abstand von der Sonne (B), dann ergibt A:B ein Verhältnis von 4:5. Das entspricht in der Musik der großen Terz. Das gleiche Verfahren kann man bei den anderen Planeten anwenden und kommt so z. B. beim Jupiter auf die Oktave, beim Mars auf die kleine Terz und bei der Venus auf zwei Oktaven.

Ein anderer Musikforscher, Alexander Lauterwasser, ist mit einem speziellen Verfahren in der Lage zu zeigen, wie Töne in Wasser bestimmte harmonische Muster erzeugen können. Diese Muster sind von einer faszinierend hohen Ordnung und erinnern an Mandalas, Rosetten in Kirchenfenstern oder Strukturen des Lebendigen wie zum Beispiel Blüten und Blumen.

Musik fördert das Wachstum

Wen wundert da noch, wie groß der Einfluss der Musik auf Lebewesen ist, umso mehr, da wir zum Großteil aus Wasser bestehen?

Darüber gibt es heute schon etliche Untersuchungen an Pflanzen, Tieren und am Menschen. Berendt berichtet in seinem Buch beispielsweise vom indischen Sitarspieler und Komponisten Ravi Shankar, der in der Lage ist, mit seiner Musik das Wachstum von Pflanzen positiv zu beeinflussen. Eine mutige Wiener Kinderärztin, Dr. Markovic, empfahl, Kindern, die zu früh geboren wurden, bereits im Brutkasten Mozart vorzuspielen. Diese Musik würde ihre geistige und körperliche Entwicklung fördern. Ich persönlich übrigens empfehle Ihnen dies auch bei Kindern auszuprobieren, die nicht zu früh geboren wurden.

Kosmische Symmetrielehre

Ausdruck der ordnenden Kraft im Universum sind weiters die Proportionen und Symmetrien im Lebendigen, deren Bedeutung den Menschen in früheren Zeiten viel bewusster war. Dazu gibt es unzählige Beispiele aus der Natur - etwa Schneckenhäuser, Bienenwaben, den Körperbau von Lebewesen usw., aber auch Beispiele aus der bildenden Kunst. Sie kennen sicherlich die Darstellung eines Menschen in Kreis und Quadrat von Leonardo da Vinci - ein Bild voller Symmetrien, exakt proportioniert, mit hohem Symbolcharakter, das die Verbindung des Menschen zum Kosmos zeigen soll und heute häufig in Zusammenhang mit der Ganzheitsmedizin verwendet wird.

Andere Zeugen einer umfassenden Weltsicht sind frühgotische Kathedralen. Sie wurden mit dem Wissen der Tempelritter gebaut, das diese von ihren Reisen (oder waren es Kriegszüge?) mitgebracht hatten. Diese Räume waren als Heilräume gedacht (heil im Sinne von Ganzwerdung, Rückverbindung). Beobachten Sie einmal Menschen, die in ein solches Gebäude eintreten. Sie werden still und andächtig, weil der Raum auf sie wirkt. Er versinnbildlicht die Harmonie des Kosmos.

Die Schönheit der Zahlen

Menschen haben in allen Zeitaltern die Proportionen der Natur nachgebaut und geben uns dabei bis heute Rätsel auf. Wie war es überhaupt zu schaffen, die Pyramiden zu errichten, Bauwerke gigantischen Ausmaßes und so exakt, wie man es sonst nur mit modernster Technik vermag? Wichtiger als diese Frage ist uns hier die Tatsache, dass man in den Pyramiden großartiges geometrisches und mathematisches Wissen verarbeitet hat. Es ist Unsinn zu glauben, die Pyramiden seien reine Grabdenkmäler, sie hatten vermutlich ganz andere Funktionen. Besonders möchte ich darauf hinweisen, dass in den Pyramiden bestimmte Proportionen immer wieder vorkommen, vor allem die Zahlen Phi (1,6180...) und Pi (3,14159...), Zahlen, die ohne Wiederholung der Zahlenreihe hinter dem Komma in die Unendlichkeit zeigen.

Ein Versuch mit verblüffendem Ergebnis

Um nicht zu theoretisch zu werden, lade ich Sie ein, ein kleines Experiment durchzuführen. Bauen Sie ein Modell der großen Pyramide (der Cheops-Pyramide) nach, oder lassen Sie es bauen. Wichtig ist, dass die Proportionen stimmen. Wenn Sie das Modell fertig haben, dann schneiden Sie einen Apfel in zwei Hälften. Die eine Hälfte legen Sie in Ihr Pyramidenmodell, die andere daneben. In den nächsten Tagen können Sie beobachten, was passiert. Sie werden sehen, dass die Hälfte des Apfels, die in dem Pyramidenmodell liegt, wesentlich langsamer braun wird als jene außerhalb. Wenn wir uns vergegenwärtigen, dass Oxidation (und um nichts anderes handelt es sich beim Braunwerden des Apfels) etwas mit dem Fluss von Elektronen zu tun hat, dann kann man, etwas freier formuliert, behaupten, die Pyramide ist für die Apfelhälfte eine Zone langsamerer Alterung.

Wie kann man sich das Verhalten der Apfelhälfte in dem Pyramidenmodell erklären? Ist die Pyramide so etwas wie ein Resonator für Lebensenergie? Wahrscheinlich, wichtiger aber ist, dass der Kosmos tanzt, und offensichtlich tanzen die etwas plumpen Pyramiden mit.

Der Kosmos tanzt

Wie wir sehen, spiegelt sich die Ordnung der Natur in den vom Menschen geschaffenen Werken wieder. Aber der Mensch selbst ist genauso ein Teil des Kosmos und der Lebensenergie und in ihm finden wir ebenfalls Verbindungen zum kosmischen Reigen. Der Reigen ist übrigens eine der ältesten Tanzformen Europas mit Wurzeln bis in das 12. Jahrhundert. Es handelt sich um ein Tanzlied, bei dem die Tänzer, sich an den Händen haltend und singend, rund um eine Musikgruppe in der Mitte tanzen.

Vielleicht hilft uns das Bild des Reigens, das Wirken der Lebensenergie im Kosmos besser zu verstehen. Die Lebensenergie geht dabei von der Musikgruppe aus und die Tänzer bewegen sich im Rhythmus ihrer Musik. Durch das Halten der Hände sind die Tänzer miteinander verbunden. Diese universelle Verbindung finden wir übrigens auch in modernen physikalischen Konzepten wieder.

Der rhythmische Gleichklang

Eine der wichtigsten und stärksten Kräfte im kosmischen Reigen ist der Rhythmus, wobei die langsamen Rhythmen mehr Kraft in sich bergen als die schnellen. Diese Rhythmen der Natur bestimmen Ihr Leben mehr, als Ihnen bewusst ist. Der offensichtlichste Rhythmus ist natürlich der Rhythmus von Tag und Nacht, der gleichzusetzen ist mit der Dauer und der Intensität der Einstrahlung des Sonnenlichtes. Menschen, die sehr „lichtfühlig“ sind, leiden häufig im Herbst und Winter an Depressionen. Ihr Gemütszustand verändert sich mit der Jahreszeit, verschlechtert sich in der dunklen und verbessert sich in der hellen.

Auch der Mond spielt eine wesentliche Rolle im kosmischen Reigen. Ich persönlich glaube nicht an einen „Einfluss“ des Mondes auf Lebewesen, aber der Mond zeigt sicherlich einen gewissen Rhythmus, eine besondere Schwingung an, in der sich ein Lebewesen gerade befindet. Es ist für mich also nicht der Mond, der etwas bewirkt, sondern der Mond und der Mensch in der besonderen Schwingung sind im selben Rhythmus miteinander verbunden – und das erweckt den Eindruck der Einflussnahme.

Eine Besonderheit am kosmischen Reigen ist, dass er permanent stattfindet. Die Rhythmen als Quelle der Kraft stehen uns immer zur Verfügung, wir sind sogar ein Teil davon. Es gibt keine speziellen Sendezeiten und es ist auch keine Gebühr dafür zu entrichten. Wir müssen uns darum auch nicht streiten oder sie jemand anderem wegnehmen – es ist genug Lebensenergie für alle da! Im Gegenteil, man kann sie besonders gut nutzen, wenn man auf Gemeinsamkeit statt Konkurrenz baut. Eine der schönsten Seiten der Lebensenergie ist, dass sie unendlich ist. Sie ist immer für uns da, kostenlos, zur freien Entnahme – wenn wir wissen, wie wir sie nutzen können.

Ich bin überzeugt davon, dass dieses Wissen zukünftig einen verstärkten Einfluss auf die westliche Medizin haben wird. So setzt sich etwa ein enger Freund unserer Familie, Mag. art. Alexander Wallner, mit der Wirkung des Raumes auf die Gesundheit des Menschen auseinander. Er gestaltet in öffentlichen Krankenhäusern Heilräume, die auf den Menschen und seine Gesundheit einen positiven Einfluss haben sollen.

Die immerwährende Erneuerung

Der Kosmos tanzt also in einem bestimmten Rhythmus und gebiert immer ähnliche, aber nie exakt die gleichen Formen. Sterben etwa alle Mitglieder eines Hornissenstaates im Herbst und bleibt nur die Königin am Leben, so wird sie im nächsten Frühjahr Eier legen, aus diesen Eiern werden neue Insekten schlüpfen und diese werden wieder Waben bauen, die exakt die Form eines Sechseckes haben. Der Reigen des Kosmos geht nie zu Ende, denn dahinter steht die Kraft des Lebendigen und diese ist unbegrenzt.

Nun haben wir schon einige Zeit miteinander verbracht und der aufmerksame Leser wird sich die folgende Frage stellen: „Der Kosmos tanzt, ist voller Harmonie und Rhythmen, Proportionen stimmen zueinander und dahinter steht offensichtlich eine unendliche Kraft. Woher kommen dann aber die Krankheiten?“

Das Körper-
Bewusst-Sein

Sie sind als Person (lat. per-sonare = durchtönen) mit Ihrem Körper verbunden. Der Körper kann selbstständig nichts tun, was ihm Ihr Bewusstsein nicht empfohlen hat. Dies bedeutet, dass jede körperliche Reaktion mit Ihrem Bewusstsein zusammenhängt.

Ein Beispiel: Sie haben sich in jemanden verliebt. Tag und Nacht denken Sie nun an den geliebten Menschen. Bei dem bloßen Gedanken verändern sich in Ihrem Körper verschiedene messbare Parameter. Das Herz schlägt etwas schneller, der Blutdruck steigt, die Haut Ihrer Wangen ist besser durchblutet (je näher Ihnen der Mensch kommt, desto mehr Farbe werden sie bekommen). Ähnliche Reaktionen werden Sie bemerken, wenn Sie sich in anderen Gemütszuständen befinden. Dies können auch durchaus negative Zustände sein, wie Zorn, Eifersucht oder Angst. Auf jeden Fall wird Ihre Emotion auf der körperlichen Ebene sichtbar und auch darstellbar sein. Natürlich gibt es auch Möglichkeiten, diese Zustände zu verbergen, das nennt man dann „cool". Eine solche Verhaltensweise ist uns von Jugendlichen, aber auch von Wirtschaftsbossen, Lehrern oder Politikern vertraut.

Wichtig für unser Verständnis ist, dass sich Emotionen (lat. emovere = hinausbewegen) unmittelbar auf den Körper auswirken. Es ist dabei völlig unerheblich, ob man versucht sie zu unterdrücken oder nicht. Sie wirken dennoch.

Wichtige Warnsignale

Bestimmte Organe oder Organsysteme reagieren dabei besonders stark. So wissen wir, dass Wut und Zorn vor allem die Energie der Leber, aber auch der Bauchspeicheldrüse hemmen, Trauer wirkt sich auf die Lunge und den Dickdarm aus und Angst schwächt die Energie unserer Niere. Ich möchte an dieser Stelle betonen, dass man diese Auswirkungen ernst nehmen soll. Sie schwächen das Organ zuerst in energetischer Hinsicht, dies kann man mit geeigneten Messgeräten darstellen, danach kommt es zu einer Störung auch auf der materiellen Ebene und erst in diesem Stadium kann man auch im Blutbild Veränderungen nachweisen.

Angst macht krank

Lassen Sie uns einmal über eine jener negativen Emotionen nachdenken, die unsere Gesundheit am meisten beeinflusst, die Angst. Angst hat viele Gesichter. Ich schreibe jetzt natürlich nicht über die Angst, die in uns aufkommt, wenn wir in freier Wildbahn einem Löwen gegenüberstehen. Ich schreibe über jene Ängste, die uns tagtäglich begleiten.

In meinen Vorträgen sage ich oft spaßeshalber, dass die Hälfte der Menschen, die in einer Partnerschaft leben, Angst haben, den Partner oder die Partnerin zu verlieren, die andere Hälfte hat Angst, ewig mit demselben Partner leben zu müssen. Nun, dies ist nicht so ernst gemeint. Etwas ernster wird es aber schon, wenn wir in ständigen Ängsten leben, die noch dazu keine reale Grundlage haben, anders als bei dem Beispiel mit dem Löwen. Ich habe sehr viele Menschen kennen gelernt, die sich ständig um ihre Kinder Sorgen machen, frei nach dem Motto: „Um mich habe ich ja keine Angst, aber ich sorge mich um dich." Diese Angst wirkt auf die Kinder wie eine unsichtbare emotionale Fessel und viele dieser Kinder entwickeln auch körperliche Symptome, wie zum Beispiel Neurodermitis oder Asthma.

Angst heißt Enge

Was passiert in so einem Fall? Die Lebensangst vieler Eltern ist nun einmal vorhanden. Dies geben erwachsene Menschen im Allgemeinen nicht gerne zu. Da eine vorhandene negative Emotion, die noch dazu in den meisten Fällen nicht logisch ist, gelebt werden muss, wird sie auf das Kind projiziert, blockiert dessen Lebensenergie und kann sogar zu körperlichen Erkrankungen führen. Die Angst wird also, ähnlich wie die Fackel des olympischen Feuers, von Generation zu Generation weitergereicht. Nun muss ich noch hinzufügen, dass sich das Wort Angst von angustus (lat. Enge) herleitet. Auch das Wort Angina (z.B.: angina tonsillaris, angina pectoris) ist mit angustus und somit mit „Angst" verbunden. Angst löst also im Körper eine Enge aus, darunter versteht der chinesische Arzt eine Blockade im freien Fluss der Lebensenergie. Menschen, die Angst haben, sind nicht in der Lage, sich frei zu entwickeln, ihr ganzes kreatives Potenzial auszuschöpfen, und neigen, wenn die Belastung zu groß wird, zu unkontrollierten Ausbrüchen von Aggression (Haut-Ausschläge). Nebenbei bemerkt ist Angst auch die stärkste Kraft, um Menschen zu manipulieren und in Kriege zu schicken, ob diese nun in der Familie, der Nachbarschaft oder im Irak stattfinden.

Sich von negativen Emotionen lösen

Für mein Verständnis von Medizin ist es wesentlich, dass wir wieder einen Zugang zu unseren Gefühlen bekommen und lernen, zwischen

Gemützuständen zu unterscheiden, die uns gut tun - etwa Liebe, Vertrauen, Hoffnung -, und Zuständen, die uns, aber auch unserer Umgebung, Schaden zufügen, wie Hass, Zorn, Eifersucht und Angst. Besonders Ärzte sollten die Unterschiede kennen und den Menschen dabei helfen, sich von negativen Emotionen zu lösen. Dies ist genauso wichtig wie einen Tumor operativ zu entfernen, denn negative Emotionen sind maßgeblich an der Entstehung von Krankheiten beteiligt. Noch schöner wäre es natürlich, sich von den negativen Emotionen zu lösen, bevor eine organische Krankheit entsteht, dies ist aber aus verschiedenen Gründen leider nicht immer möglich.

Ich möchte Ihnen mit diesen Gedanken vermitteln, dass Angst, Hass und in einem gewissen Sinn auch Trauer negative Emotionen sind, die den Fluss der Lebensenergie blockieren und zu einer körperlichen Krankheit führen können: Sie sind Energieräuber. Eine Abnahme der Körperrhythmik kann ebenfalls auf negative Emotionen zurückgeführt werden. Die Verflachung der Rhythmen ist eines der ersten Anzeichen für eine sich entwickelnde Erkrankung. Wenn Sie das Konzept LEBE in Ihr Leben integrieren und umsetzen wollen, dann ist es nicht nur notwendig, einige der folgenden Gesundheitstipps auszuprobieren, sondern sich auch bewusst von jenen Einflüssen zu lösen, die Ihre persönliche Energie verringern. Dazu benötigen Sie Mut und Vertrauen, beides möchte ich Ihnen mit diesem Buch vermitteln.

Eine segensreiche Verbindung

Ihr Bewusstsein ist in jedem Moment mit Ihrem Körper verbunden. Diese Verbindung ist lebensnotwendig, bürdet Ihnen aber auch eine bestimmte Verantwortung auf, da für Ihre Gesundheit keine äußeren Umstände mehr verantwortlich zu machen sind.

Die Verbindung ist aber nicht einseitig. Der materielle Körper hat umgekehrt ebenso Einfluss auf Ihr Bewusstsein, besonders auf die emotionelle Stimmungslage. Zurzeit häufen sich bei mir die Berichte von Menschen, die durch zunächst rein körperliche Maßnahmen wie Entgiftung oder die Zufuhr von Mineralstoffen Linderung diverser psychischer Probleme wie Depressionen oder Schlafstörungen gefunden haben. Wir können also durch gezielte körperliche Maßnahmen auch psychische Probleme positiv beeinflussen und werden uns dadurch des Zusammenspiels von Körper, Geist und Seele bewusst.

Ein neuer Anfang

Ich habe in diesem ersten Teil des Buches Themen angesprochen, die sich eher ungewöhnlich für einen Gesundheitsratgeber anhören. Ich habe davon berichtet, dass sich die moderne Medizin aus Gründen der Befangenheit, aber auch aus Bequemlichkeit, eines unzureichenden physikalischen Weltbildes bedient, das durch seine Versimplifizierung nicht in der Lage ist, die komplexen Vorgänge in Lebewesen ausreichend zu erklären. Die Medizin hat sich weitgehend der Analyse verschrieben und dabei die Synthese, den Aufbau und die Weiterentwicklung lebender Systeme, völlig außer Acht gelassen.

Wesentliche Merkmale, wie das Entstehen von Strukturen und die rhythmische Entwicklung können mit einem veralteten, mechanistischen Weltbild nicht erfasst werden. Dazu reicht auch die gedankliche Grundlage der Quantenphysik nicht, wir müssen auf ein neues und gleichzeitig sehr altes Konzept als Hypothese zurückgreifen, das Konzept der Lebensenergie.

Die Lebensenergie ist eine reale Kraft, die zwar nicht messbar, aber in ihren Auswirkungen sichtbar ist. Sie können schließlich auch die Liebe nicht messen, jedoch in ihren Erscheinungsformen beobachten. Es wird keinen anderen Weg in der Medizin, aber auch in anderen Bereichen geben als den, eine fünfte Grundkraft als real gegeben anzunehmen. Zu groß sind schon die Probleme, die Ratlosigkeit und die Unfinanzierbarkeit im derzeitigen Gesundheitswesen geworden.

Die Gesundheit in die eigene Hand nehmen

Es wird zukünftig notwendig sein, dass die Menschen die Verantwortung für die eigene Gesundheit in die Hand nehmen und sich nicht mehr in die Rolle drängen lassen, als chronisch kranke Patienten gläubig den Verführungen eines gigantischen Industriezweiges zu gehorchen.

Das Thema der Prävention, der Gesunderhaltung, sollte sich in unseren Köpfen und in unseren Herzen festsetzen. Im Krankheitsfall fordere ich Ärzte und Patienten gleichermaßen auf, in einen Dialog zu treten, wobei als großer Ratgeber immer die Natur einzuladen ist. Die Natur verfügt über ungeheure Kräfte und über genaue Baupläne, wie krankes Gewebe regenerieren kann. Wenn wir dies schaffen, dann bedeutet das eine echte Gesundheitsreform, die weit über

die Erhöhung von Rezeptgebühren oder diverse Einsparungsmaßnahmen hinausgeht.

Ich werde Ihnen im zweiten Teil des Buches Möglichkeiten vorschlagen, Ihre persönliche Lebensenergie zu erhöhen und somit Ihre Gesundheit zu stärken. Dabei werde ich immer wieder auf die im ersten Teil erarbeiteten Grundlagen Bezug nehmen.

Betrachten Sie zukünftig Gesundheit nicht als Zufall und Krankheit nicht als einen unabwendbaren Schicksalsschlag. Arbeiten Sie aktiv an Ihrer Gesundheit und denken Sie immer daran, dass wir alle mit der Tatsache leben müssen, dass wir älter werden. Wie wir jedoch älter werden, das haben wir in der Hand, auch schon als Kinder oder Jugendliche.

Teil 2
Lebe!

Lebendigkeit und Lebenseinstellung

Maude sagt zu Harold:
*„Gib mir ein **L**, gib mir ein **E**, gib mir ein **B**, gib mir ein **E** ... **LEBE**,*
sonst hast du nachher in der Umkleidekabine nichts zu erzählen."
Aus dem Film „Harold and Maude"

Wenn möglich, bitte wenden

Wenn wir weiter so denken, wie wir bisher gedacht haben,
dann werden wir weiter so handeln,
wie wir bisher gehandelt haben.
Wenn wir weiter so handeln, wie wir bisher gehandelt haben,
dann werden wir weiter das erhalten,
was wir bisher erhalten haben.

Wir können aber die Probleme von heute
nicht mit den gedanklichen Mustern von gestern lösen,
denn durch sie sind sie entstanden.
Michael Ehrenberger

Es war ein nebeliger Herbsttag, als eine Frau mit ihrer 11-jährigen Tochter, Katharina, zu mir in die Praxis kam. Katharina war ein hübsches, hochgeschossenes Mädchen mit einer sehr blassen, fast durchsichtigen Hautfarbe. Sie litt schon längere Zeit an Asthma. Ich behandelte das Mädchen mit Homöopathie und Bioresonanztherapie, es stellte sich jedoch keine wesentliche Besserung ein. Nach drei oder vier Behandlungen bat ich Katharina und ihre Mutter zu einem längeren Gespräch. In dessen Verlauf erfuhr ich, dass Katharinas Atemnot immer nachmittags schlimmer wurde. Und als ich geduldig weiterfragte, erfuhr ich folgende Geschichte:

Katharinas Mutter war mit einem älteren Mann verheiratet, aber es war keine glückliche Ehe. Katharina ging es jeden Tag so lange gut, bis ihr Vater von der Arbeit nach Hause kam. Bis dahin konnte das Mädchen tun und lassen, was es wollte, danach musste es in sein Zimmer gehen, um den Vater nicht zu stören. Außerdem war der Vater ein starker Raucher, dies führte in der ohnehin kleinen Wohnung zu weiteren Problemen.

Ich versuchte der Mutter im Verlauf des Gespräches klar zu machen, dass sie an dieser Situation etwas ändern müsse, damit ihr Kind die Chance bekomme, gesund zu werden. Natürlich tat es dem Kind nicht gut, ab vier Uhr nachmittags den Rest des Tages in seinem Zimmer zu verbringen, die schlechte Luft in der Wohnung tat ein Übriges. Ich sah Katharina und ihre Mutter noch zweimal. Bei unserem letzten Gespräch sagte mir die Frau, dass sie es nicht schaffen würde, etwas zu ändern, Katharina müsse eben unter diesen Umständen gesund werden. All meine Bemühungen, ihr klar zu machen, dass das nicht gelingen könne, schlugen fehl. Danach sah ich Katharina und ihre Mutter nie wieder.

Auf toten Pferden kann man nicht reiten

An solchen Beispielen sehen wir, wie krankmachend es oft ist, an alten Gewohnheiten, falschen Spielregeln und Ähnlichem festzuhalten. Doch wie oft passiert es, dass wir sie einfach nicht loslassen wollen? Ein altes indianisches Sprichwort lautet: „Wenn dein Pferd tot ist, dann ist es Zeit abzusteigen."

Statt die Tatsache zu akzeptieren, dass man auf einem toten Pferd nicht reiten kann, haben sich viele Menschen Programme zurechtgelegt, wie sie auf den Tod des Tieres reagieren. Manche versuchen es wieder zu beleben und nehmen diese vergebliche Mühe oft über Jahre auf sich. Andere laden das Pferd auf ihre Schultern, unter dem Motto: „Wenn mein totes Pferd mich nicht mehr tragen kann, dann trage halt ich das Pferd." Sehr beliebt sind auch die Einstellungen: „Mein Pferd ist gar nicht tot, es stellt sich nur so", oder: „Wer hilft mir bitte das tote Pferd anzuschieben?"

Egal, welches Programm oder welche Einstellung Sie wählen, jede wird Sie nur Kraft kosten, Schmerzen bereiten und früher oder später zu einer Krankheit führen. Nehmen Sie sich doch einmal die Zeit und durchforsten Sie Ihr Leben nach toten Pferden. Ich bin mir sehr sicher, Sie finden einige Gäule, die nicht mehr taufrisch sind.

Mit dem toten Pferd meine ich natürlich alte Gewohnheiten, die früher vielleicht einmal sinnvoll waren, ja sogar Freude gemacht haben, jetzt aber zum Ballast und somit zu Energieräubern geworden sind. Unter dieser Energie verstehe ich die immer und überall vorhandene Lebensenergie. Durch das Festhalten an sinnlos gewordenen Gewohnheiten wird sie abgelenkt und fehlt uns daher für unsere eigentlichen Aufgaben.

Lebensbehindernde Handlungen

Vielleicht hilft Ihnen zum besseren Verständnis dieser Vergleich: Ein Baum wird im Frühjahr und im Sommer jeden Tag von vielen Litern Wasser durchzogen. Dieses Wasser steigt von den Wurzeln bis zu den Blättern, wo es verdunstet. Bohrt man nun Löcher in den Stamm des Baumes und leitet das aufsteigende Wasser ab, dann fehlt es irgendwann in der Krone des Baumes, die Äste werden austrocknen, die Blätter braun werden und abfallen und der Baum wird keine Früchte tragen können. Genau so geht es Ihnen, wenn Sie versuchen, tote Pferde anzuschieben. Die Kraft wird Ihnen fehlen, Ihr Leben glücklich und erfolgreich zu führen.

Es sind aber nicht nur Löcher im Stamm des Baumes, die zu einer Schwäche führen können. Auch wenn man eine Drahtschlinge eng um den Baum legt und ein paar Jahre wartet, wird diese Drahtschlinge den Fluss des Wassers im Baum behindern. So ist es Katharina ergangen. Ihre Freiheit wurde jeden Tag ab vier Uhr am Nachmittag auf unnatürliche Weise eingeschränkt und so entstand das Asthma (die Lunge wird in der Ganzheitsmedizin mit Kommunikation und Freiheit, aber auch mit Trauer verbunden).

Chinesische Ärzte lehren uns: „Dort, wo der freie Fluss der Lebensenergie (chinesisch Chi) blockiert ist, treten Krankheit und Schmerz ein.“ Genau dies passiert, wenn man entweder ein Loch in den Stamm eines Baumes bohrt oder eine Drahtschlinge darum legt. Beide Maßnahmen behindern die Lebendigkeit, den Fluss der Lebensenergie.

Negative Emotionen sind Energieräuber

Lassen Sie uns zu dem Beispiel mit dem toten Pferd zurückkehren. Es gibt verschiedene Tricks, um mit toten Pferden umzugehen. Die wesentliche Frage aber lautet: „Warum begrabe ich das tote Pferd nicht und fange oder kaufe mir ein neues, das mich durch mein Leben tragen kann?“ Was hält uns davon ab, auf ein neues Pferd zu steigen und loszugaloppieren? Die Antwort ist einfach und kompliziert zugleich. Es ist nicht unsere Bequemlichkeit, die uns davon abhält (bequeme Menschen vergeuden doch keine Energie, und ein Pferd zu tragen verbraucht Energie), es sind Emotionen wie Angst, Trauer oder Ärger. Diese Emotionen sind wahre Energieräuber, die ein Leck in den Stamm Ihres Lebensbaumes schlagen oder ihn so einschnüren, dass die Energie nicht mehr fließen kann. Diese Emotionen halten Sie davon ab, im Leben nach vorne zu schreiten und sich im Rhythmus des Lebendigen zu bewegen.

Machen Sie einmal folgenden gedanklichen Versuch: Stellen Sie sich vor, Sie sind ein kleiner Ball, der in einen Bach oder Fluss geworfen wird. Nun werden Sie mit dem Wasser weitergetragen, Sie springen über lebendige Wasserfälle, durchqueren mit dem Fluss ruhige Seen und tanzen auf den Wellen. Es wird Sie keine Kraft kosten, denn Sie können sich treiben lassen. Das Wasser trägt Sie und Sie werden Freude an Ihrer Reise haben. Kraft wird Sie die Reise erst kosten, wenn Sie versuchen, sich irgendwo festzuhalten, sei es an einem Grashalm am Ufer oder an einem Stein. Indem Sie sich festhalten, verlieren Sie immer mehr an Kraft und Lebendigkeit, Sie werden Schmerzen verspüren und irgendwann so erschöpft sein, dass Sie dem Fluss des Lebens nachgeben müssen, denn ewig festhalten können Sie sich nicht.

Das Stadium, bevor Sie gezwungen werden loszulassen, weil Sie Schmerz und Kraftlosigkeit verspüren, nennt man Krankheit. In dieser Phase wird der Fluss der Lebensenergie blockiert und Ihre Aufgabe ist es nun, die Energie wieder in ein rhythmisches Fließen zu bringen.

Verstehen Sie mich bitte richtig. Ich spreche hier nicht von Psychologie, sondern von physikalischen Gesetzmäßigkeiten. Wir verlieren beziehungsweise blockieren jeden Tag unglaublich viel Energie durch unsere Lebenseinstellung. Akzeptieren Sie das als Tatsache. Es ist dabei unerheblich, ob Sie sich in verschiedenen Bereichen Ihres Lebens einengen lassen oder ob Sie, quasi durch ein „Loch in Ihrem Stamm", Energie verlieren. Die Lebensenergie sinkt und ohne diese Energie können Sie keine Probleme lösen oder, im übertragenen Sinn, Früchte tragen. Der Grund für diese Verhaltensweisen sind immer negative Emotionen, die uns in der Vergangenheit festhalten. Es ist dabei völlig unerheblich, ob Sie die Emotion gegen sich selbst oder andere richten, das Resultat bleibt das gleiche: ein Mangel an Lebensenergie.

Falls Sie an dem Konzept „LEBE" gefallen finden, dann sollten Sie damit beginnen, mit Ihrer Vergangenheit aufzuräumen. Andernfalls werden andere Gesundheitsfaktoren nicht wirklich zum Tragen kommen. Sie können etwa noch so sehr auf eine gesunde Ernährung achten, wenn Sie Vollwertkost (oder was immer Sie bevorzugen) weiterhin mit Wut im Bauch zu sich nehmen, dann wird diese Kost nicht den vollen Wert für Sie haben, da Sie nicht imstande sind, sie zu verdauen.

Im Falle von Katharina wäre es an ihrer Mutter gelegen, eine Änderung der Situation herbeizuführen. Sie tat dies vermutlich nicht, aus Angst den Mann zu verlieren. Statt eine Lösung der Situation zu suchen, suchte sie lieber den nächsten Therapeuten auf, der vielleicht nur die Symptome behandelte und Katharina Cortison gab.

LEBE-GESUNDHEITSTIPP

Hier einige Beispiele, wie Sie durch Ihre Lebenseinstellung Ihre Lebensenergie steigern und Ihr Potenzial erhöhen können:

- Akzeptieren Sie den derzeitigen Zustand in Ihrem Leben. Wenn Sie die Gegenwart akzeptieren, dann versöhnen Sie sich mit der Vergangenheit. Dies wird Ruhe und Kraft in Ihr Leben bringen. Erst nachdem Sie Ihre Lebensumstände akzeptiert haben, können Sie sie verändern.
- Schieben Sie niemandem für unangenehme Situationen in Ihrem Leben die Schuld zu, auch nicht sich selbst. Kein Mensch ist frei von Fehlern, der Kluge jedoch lernt daraus.
- Lösen Sie sich von Ihrer Angst. Angst blockiert den Fluss der Lebensenergie und Sie sitzen vor Ihren Problemen wie eine Maus vor der Schlange, unfähig sich zu bewegen.
- Erkennen Sie Ihre Individualität. Keine Schneeflocke gleicht einer anderen, auch Sie sollten sich mit niemandem vergleichen.
- Versuchen Sie gegen niemanden negative Gefühle zu hegen, das blockiert nur Ihre Energie.
- Lernen Sie Ihren Lebensweg als friedvoller Krieger zu beschreiten. Es gibt schon genug Kämpfer, die die Welt nicht gerade glücklicher machen.
- Wenn Sie in Ihrem Leben in eine falsche Richtung gegangen sind, dann müssen Sie die Richtung ändern. Sie haben keine andere Wahl, nur den Zeitpunkt können Sie selbst bestimmen.

Leben war nie als Kampf gedacht, sondern viel mehr als eine Wanderung durch ein sonniges Tal, von einem Punkt zum nächsten.
Stuart Wilde

Das Verlassen alter Pfade

„Die Geographiebücher", sagte der Geograph; „sind die wertvollsten von allen Büchern. Es ist selten, dass ein Berg einen Platz wechselt. Es ist selten, dass ein Ozean seine Wasser ausleert. Wir schreiben die ewigen Dinge auf." „Aber die erloschenen Vulkane können wieder aufwachen", unterbrach der kleine Prinz.

Antoine de Saint-Exupéry, Der kleine Prinz

Als ich einmal vor vielen Jahren die Kassenverträge einer älteren Kollegin übernahm, übernahm ich auch ihren Patientenstock. Innerhalb von drei Monaten kamen viele Patienten zu mir und gaben, wie sie es gelernt hatten, den Krankenschein ab. Als Gegenleistung erwarteten sie sich ein Rezept für jene Medikamente, die sie schon seit vielen Jahren einnahmen. Es war natürlich meine Pflicht, mich davon zu überzeugen, dass keine unnötigen oder falschen Medikamente verschrieben wurden. So kam es zu den ersten Diskussionen. Nur wenige Menschen waren bereit zu akzeptieren, dass man das eine oder andere Medikament auch weglassen konnte, und nur wenige wollten auf Naturheilkunde umsteigen. Sie hatten gelernt, die Eigenverantwortung für ihre Gesundheit abzugeben und waren froh, wenn ihnen die Entscheidungen abgenommen wurden. Ich schätze, dass es noch viele Menschen in unserem Land gibt, die so denken, ihre Zahl wird jedoch jeden Tag geringer. Wie ich mich selbst immer wieder überzeugen kann, gehen auch viele Ärzte bereits neue Wege, vertrauen der Naturheilkunde und energetischen Heilmethoden.

Wir werden aber nicht nur im Bereich der Gesundheit aufgefordert, unsere Handlungsweisen zu überdenken, sondern in allen Bereichen des Lebens. Und es betrifft nicht nur Einzelpersonen, sondern ganze Systeme. Da Systeme aber rigide sind, möchte ich Ihnen ans Herz legen, einmal eine ganz persönliche Gesundheitsreform anzustreben. Da Gesundheit Ausdruck von Harmonie in Körper, Geist und Seele ist, wird diese Reform in allen Bereichen Ihres Lebens Auswirkungen haben.

Nun stellt sich natürlich eine wesentliche Frage: Wann ist es Zeit, neue Pfade zu gehen? Vielleicht hilft uns die folgende kleine Geschichte aus Indien weiter.

Das Ordnen der Dinge des Lebens

In einem armen indischen Dorf lebten ein paar hundert Menschen. Es hatte schon einige Monate nicht geregnet. Die Vorräte waren fast aufgebraucht und das Vieh war am Verdursten. Jeden Tag beteten die Menschen um Regen, aber die Sonne schien nur noch heißer vom Himmel. Da kam eines Tages ein alter Mann in das Dorf, stellte sich vor und sagte, er sei Regenmacher. Sofort wurde er zum Dorfältesten gebracht und um Rat gefragt. Der alte Mann meinte, dass er vielleicht helfen könne, und bat um eine Hütte, in der er sich aufhalten konnte. Die Bitte wurde ihm gewährt. Nun zog er sich in die Hütte zurück. Am ersten Tag passierte gar nichts, ebensowenig am zweiten Tag. Der Mann blieb in der Hütte und nahm auch die ihm angebotenen Lebensmittel nicht an. Am Morgen des dritten Tages zogen die ersten Wolken auf und noch ehe die Sonne unterging, begann es heftig zu regnen. Nach den ersten Freudentänzen fragten die Bewohner des Dorfes den alten Mann, wie er denn so schnell hatte Regen machen können, ob er eine besondere Zauberkraft besitze und ob sie das auch lernen könnten. Da lächelte der Mann und sagte: „Als ich in euer Dorf kam, bemerkte ich eine Unordnung. Ich zog mich zurück und suchte, ob ich diese Unordnung auch in mir finden würde. Ich fand sie und brachte sie in Ordnung, danach kam der Regen."

Diese Geschichte enthält einen Hinweis darauf, wann wir neue Pfade einschlagen sollen. Die Bewohner des Dorfes hatten sich offensichtlich entschlossen, dies erst dann zu tun, als es schon fast zu spät war. Sie erkannten ihre Unordnung nicht und waren auf die Hilfe des Regenmachers angewiesen. Die Zeit bis zum Eintreffen des Regenmachers war eine Zeit voller Unsicherheit und Entbehrungen. Vielleicht hätten sie schon früher selbst Ordnung schaffen können, bereits nach den ersten Wochen ohne Regen. Es gibt außerdem noch die Möglichkeit, von Beginn an in Harmonie zu leben, um erst gar nicht in die Situation der Wasserknappheit zu kommen.

Vergleichen Sie einmal das indische Dorf mit Ihrem eigenen Leben. Ich bin überzeugt, dass jeder von Ihnen schon einmal in einer Situation war, in der der Regen in seinem Leben ausgeblieben ist. In übertragenem Sinn handelt es sich bei dem Regen natürlich um die Lebensenergie, die für mich eine physikalische Realität darstellt.

Ziel des Buches und des Konzeptes „LEBE" ist es, dass Sie Möglichkeiten kennen lernen, um gar nicht in die Situation der Dorfbewohner zu kommen. Falls dies aber einmal der Fall sein sollte, dann gibt es immer die Chance, die Energie aus eigener Kraft wieder zum Fließen zu bringen, und wenn das auch nicht klappen sollte, dann wird irgendwann ein Regenmacher in Ihr Leben treten.

Eigentlich ist es nicht so wichtig, *wann* Sie beschließen, einen neuen Pfad zu gehen, sondern *dass* Sie einmal den Beschluss fassen, es zu tun. Oft tritt eine Krankheit erst in unser Bewusstsein, wenn wir verschiedene Symptome verspüren. In Wahrheit beginnt sie aber schon viel früher und braucht oft Jahre, bis sie zum Ausbruch kommt. Je sensibler und feinfühliger Sie mit sich umgehen, desto früher werden Sie Disharmonien erkennen.

LEBE-GESUNDHEITSTIPP

- In Ihrem Leben wechseln sich Harmonie und Disharmonie ab. Beide Zustände unterliegen Ihrem Bewusstsein, Sie haben die Möglichkeit, eine freie Wahl zu treffen.
- Erkennen Sie, dass Sie allein die Verantwortung für Ihre Gesundheit haben und nicht Ihr Partner, ein System oder ein Arzt.
- Entwickeln Sie sich selbst gegenüber genug Sensibilität, um Disharmonien frühzeitig zu erkennen, noch bevor sie zu körperlichen Symptomen führen.
- Wenn Sie erkannt haben, dass Sie sich auf einem für Sie falschen Weg befinden, dann ändern Sie konsequent die Richtung.
- Falls Sie die Hilfe eines Regenmachers in Anspruch nehmen müssen, dann suchen Sie sich jemanden aus, in dessen Nähe Sie sich wohl fühlen und der selbst in Harmonie ist.

Synchronizitäten, Wegweiser des Lebens

Synchronizitäten begegnen nicht nur gestörten oder übersensiblen Menschen, sie drängen sich auch in das Leben rationaler und skeptischer Menschen.

David F. Peat

Der Zweite Weltkrieg war soeben zu Ende gegangen. Am Wiener Ostbahnhof standen die Frauen und Kinder und warteten auf die heimkehrenden Männer. Jene Frauen, die ihre halb verhungerten und erschöpften Männer in die Arme schließen konnten, waren überglücklich, andere wiederum standen noch voller Hoffnung auf den Bahnsteigen oder trösteten jene, für die es Gewissheit war, dass sie ihre Männer nie wiedersehen würden. Mitten in diesem Meer von Emotionen stand eine Frau, ebenfalls in der Hoffnung, ihren Mann in die Arme nehmen zu können. Doch die Tage und die Wochen vergingen und immer wieder musste sie allein zurück in ihre Wohnung fahren. Sie fragte die heimkehrenden Soldaten, zeigte ihnen Bilder, doch niemand kannte ihren Mann. Eines Tages aber gab es auch für diese Frau einen kleinen Lichtblick. Einer der Heimkehrer hatte ihren Mann gesehen und bestätigte, dass er am Leben sei, allerdings in keiner sehr guten Verfassung. Nun war die Frau nicht mehr zu halten. Mutig beschloss sie, ihrem Mann entgegenzufahren. Sie hatte nachgefragt, in welchem Dorf er sich aufhielt, und mit dieser spärlichen Information stieg sie in den nächsten Zug. Auf dem Weg zu ihrem Mann passierte ihr allerdings ein Missgeschick. Da sie der Landesprache nicht mächtig war, stieg sie eine Station zu früh aus. Sie war gezwungen, den Rest des Weges zu Fuß zurückzulegen. Es war dunkel und kalt, der Schnee lag hoch. Auf dem Weg zum nächsten Dorf fand die Frau im Straßengraben einen halb erfrorenen Mann, der vor lauter Erschöpfung nicht mehr weitergehen konnte. Mit ihren letzten Kräften schleppte die Frau den Mann bis zum nächsten Haus und wurde freundlich aufgenommen, nachdem sie eine silberne Zuckerdose anbot – als Gegenleistung dafür, dass man sie mit dem fremden Soldaten aufnahm. Als sie den Mann zum warmen Kamin legten, schwoll sein Gesicht langsam ab. Da erkannte die Frau im Schein des Feuers ihren eigenen Mann. Ihm hatte sie das Leben gerettet.

Ob Sie es glauben wollen oder nicht, es handelt sich um eine wahre Geschichte, die sich genau so zugetragen hat.

Logik beherrscht die Welt

Wir sind es gewöhnt, logisch zu denken, denn wir wurden dazu erzogen. Logisch zu denken bedeutet, in Ursache-Wirkungs-Prinzipien, in Kausalketten zu denken. Hierbei spielt die Zeit natürlich eine wesentliche Rolle. Wir wissen genau, dass wir zuerst den Lichtschalter betätigen müssen, damit danach das Licht angeht, der umgekehrte Fall ist unlogisch.

Die logische Sichtweise der Welt hat uns sehr weit gebracht. Wir haben es geschafft, auf den Mond zu fliegen, können Herzen transplantieren und Kinder bereits im Mutterleib operieren. Hätte man den Stand der heutigen Technik vor 50 Jahren vorausgesagt, dann hätte man nur ein mildes Lächeln geerntet, dennoch haben wir ihn erreicht.

Je mehr wir jedoch die logische Seite des Lebens betonen, desto mehr verlieren wir den Zugang zu unserer Intuition. Wir bewegen uns dabei auf einem scheinbar sicheren Terrain und glauben, uns könne nichts passieren. Ereignisse, die wir nicht erklären können, werden als Anomalie, Zufall oder als Schwindel bezeichnet. Die Welt erstickt schon fast an ihrer Logik, denn trotz des enormen Fortschrittes (oder vielleicht durch ihn) haben wir Probleme geschaffen, deren Lösung einer Portion Fantasie bedarf.

Die Gleichzeitigkeit von Ereignissen

Logik ist jedoch nur eine Sichtweise der Wirklichkeit. Es gibt noch eine andere, eine lebendigere, und sie ist in der Lage, Farbe in unseren manchmal grauen Alltag zu bringen.

Der bekannte Schweizer Psychoanalytiker C.G. Jung, ein Schüler von Sigmund Freud, und der Nobelpreisträger für Physik Wolfgang Pauli führten in die Wissenschaft den Begriff „Synchronizität" ein. Eine der Definitionen der Synchronizität von C.G. Jung lautet: Synchronizität ist „... die zeitliche Koinzidenz zweier oder mehrerer kausal nicht miteinander verknüpfter Ereignisse, die die gleiche oder ähnliche Bedeutung besitzen".

Bereits 1793 hatte Goethe diese Gedanken in seinem Aufsatz „Zur Natur und Wissenschaftstheorie" vorweggenommen, wenn er schreibt: „... dass die schönsten Entdeckungen nicht sowohl durch Menschen als durch die Zeit gemacht worden; wie denn eben sehr wichtige Dinge zu gleicher Zeit von zweien oder wohl gar mehreren geübten Denkern gemacht worden".

Sowohl Goethe als auch C.G. Jung und Wolfgang Pauli, aber auch noch viele andere Denker, waren der Meinung, dass es neben der logischen Entwicklung der Zeit auch eine Zeitqualität gibt, wobei offensichtlich zusammenhängende Ereignisse gleichzeitig stattfinden, obwohl sie keinen logischen Zusammenhang erkennen lassen.

Die geheime Ebene der Kommunikation

Ich habe mit vielen Menschen gesprochen, die voller Begeisterung das Buch von Marlo Morgan, „Die Traumfänger" gelesen haben. In diesem Buch wird der Weg einer amerikanischen Journalistin durch den australischen Busch geschildert. Sie wurde Zeugin davon, dass die australischen Ureinwohner in der Lage sind, in einer „Traumzeit" zu leben, und diesen psychischen Zustand als einen wesentlichen Bestandteil ihrer persönlichen Realität ansehen. Warum wurden die Leser dieses Buches in einer so seltsamen Art und Weise tief in ihrem Herzen berührt? Ist es reine Fantasie einer übergeschnappten Journalistin, wenn man liest, dass sich die Eingeborenen Australiens über Meilen hinweg ohne Trommeln, Morsezeichen oder Handy verständigen können, weil sie offensichtlich auch eine andere Realität kennen als nur die logische Sichtweise dieser Welt?

Es mag Ihnen seltsam erscheinen, aber die Fähigkeiten der Aborigines erinnern an Experimente der Quantenphysik, aus denen hervorgeht, dass Teilchen, die einmal miteinander verbunden waren, dies bleiben, auch wenn sie räumlich getrennt werden. Diese Teilchen kommunizieren miteinander, wobei die Informationen mit einer Geschwindigkeit übertragen werden, die jenseits der Lichtgeschwindigkeit liegt. Offensichtlich nutzen die Ureinwohner Australiens eine Art der Kommunikation, die von der Wissenschaft bisher nur der Quantenebene zugeordnet wurde. Eine ähnliche Möglichkeit der Kommunikation dürfte auch jene Frau genutzt haben, die sich aufmachte, ihren Mann in einem fremden Land zu suchen und ihn gefunden hat.

Wir brauchen aber nicht nach Australien zu fahren oder uns gedanklich auf die Quantenebene zu begeben, um diese für uns seltsame und unlogisch erscheinende Art der Kommunikation beobachten zu können. Gehen Sie einmal in die Natur und sehen Sie einem Vogelschwarm beim Fliegen zu. Wie eine Wolke hebt und senkt sich der Schwarm, ohne dass ein Anführer erkennbar wäre. Die Vögel stoßen, wie von einer Zauberkraft geführt, auch nicht zusammen, sondern bewegen sich in einer synchronen Art und Weise. Zu ähnlichen Kunststücken sind große Fischschwärme in der Lage.

Die Ganzheit des Lebens

Wir sehen also, dass es in der Natur noch eine andere Ebene der Kommunikation gibt, in der Dinge synchron, also nicht nach dem

Ursache-Wirkungs-Prinzip ablaufen. Die Natur offenbart uns damit ihre Ganzheit und wir dürfen nie vergessen, dass wir ein Teil dieser Ganzheit sind. Etwas jedoch kann uns daran hindern, die Ganzheit zu erkennen, wodurch wir an Kraft und Lebendigkeit verlieren: Es ist die Angst. Wir haben diese Emotion schon als eine der größten Blockaden in unserem Leben kennen gelernt, sie führt unweigerlich zur (scheinbaren) Trennung.

LEBE-GESUNDHEITSTIPP

- Steuern Sie Ihr Leben nicht nur vom Kopf aus, sondern geben Sie auch Ihrem Bauchgefühl eine Chance.
- Suchen Sie nach dem Sinn hinter den Zufällen in Ihrem Leben. Nicht immer, aber sehr oft, steht eine verschlüsselte Botschaft dahinter. Es kann sein, dass Zufälle Wegweiser sind, die Ihnen Ihren weiteren Lebensweg zeigen.
- Vertrauen Sie auf die Weisheit der Natur und jene Kraft, die man das fünfte Feld, die Lebensenergie, nennt.
- Entwickeln Sie Ihre eigene, naturbezogene Logik.
- Haben Sie den Mut, neue Wege zu gehen, auch wenn der Ausgang ungewiss ist. Sie bringen dadurch Farbe in Ihr Leben und übernehmen die Verantwortung für sich selbst.

Gehe alles an, was du kannst oder zu können träumst.
In der Kühnheit liegt Genie, Macht und Zauberkraft.
Johann Wolfgang von Goethe

Ich möchte Ihnen im Rahmen des ganzheitlichen Gesundheitskonzeptes „LEBE“ ans Herz legen, in Ihrem eigenen Leben nach Synchronizitäten Ausschau zu halten. Nach Ereignissen, die vordergründig keine Logik in sich bergen, tiefgründig jedoch eine Art „Hintergrundinformation“ für Sie in sich tragen. Spielen Sie gedanklich mit diesen Informationen und Ereignissen und finden Sie so wieder Zugang zu Ihrer Intuition. Lernen Sie wieder Entscheidungen aus dem Bauch heraus zu treffen und haben Sie keine Angst vor Misserfolg. Es sind die unlogischen Entscheidungen in unserem Leben, die zu einer dauerhaften Weiterentwicklung führen, und nicht die logischen. In unserem persönlichen Leben bedeutet Logik, dass wir versuchen mit Erkenntnissen aus der Vergangenheit die Zukunft zu gestalten. Meistens sind wir dann sehr erstaunt, wenn sich die Vergangenheit in der Zukunft wiederholt.

Denken wir noch einmal an die Frau, die sich auf den Weg machte, ihren Mann zu suchen. Sie hatte keinerlei Erfahrung aus der Vergangenheit, aus der sie ihr Handeln ableiten konnte, alles, was sie hatte, waren großer Mut und die Liebe zu ihrem Mann. Als sie zu früh aus dem Zug stieg, halfen ihr Glück und Zufall. Oder war es mehr?

Über Erfolg und Misserfolg

Unsichtbar wird der Wahnsinn, wenn er nur genügend große Ausmaße angenommen hat.
Bertolt Brecht

Wir leben ohne Zweifel in einer Gesellschaft, in der Erfolg sehr hoch angesehen ist. Die Möglichkeiten, Erfolge zu erringen, sind sehr vielfältig. Wirtschaftliche Erfolge zählen ebenso wie sportliche oder künstlerische. Erfolgreiche Menschen werden von der Gesellschaft geachtet und geehrt, wobei nicht immer hinterfragt wird, wie der Erfolg zustande kam, welchen Preis er gekostet hat und welchen Wert er wirklich darstellt.

Ob etwas als Erfolg gewertet wird, hängt natürlich von den Zielen ab, die man sich gesetzt hat, wobei die Wahl der Ziele nach mehr oder weniger sinnvollen Kriterien erfolgt. Kein anderes Lebewesen auf unserer Erde leistet es sich, bei dem Versuch besser zu sein als die anderen, so viel Energie zu verschwenden. Der Mensch ist das einzige Lebewesen, das immer wieder den Wettstreit in verschiedensten Disziplinen sucht. Rituale und Kämpfe, die wir bei Tieren nur in der Paarungszeit beobachten können, prägen unser Leben. Seit Jahrtausenden bekriegen die Menschen einander, ohne dass eine einzige der großen Weltreligionen etwas daran hätte ändern können.

Die Suche nach Erfolg ist zur Sucht geworden. Sie beginnt bereits sehr früh in der Schule, wobei die Kinder oft dem Ehrgeiz der Eltern Rechnung tragen müssen. Später setzt sie sich dann am Arbeitsplatz fort, auf der Autobahn, in den Familien, in den Sportarenen, in Politik und Wirtschaft, bei diversen gesellschaftlichen Ereignissen, die oft nur zu diesem Zweck veranstaltet werden.

Dieser ewige Wettkampf birgt zwei grundlegende Gefahren in sich. Einerseits verlieren wir unsere Individualität, andererseits gibt es (k)einen Sieger und viele Verlierer.

Der Verlust der Individualität

Ein lieber Freund von mir arbeitet in einer Filiale einer großen österreichischen Bank. Jede Bankfiliale bekommt jährlich ein gewisses Umsatzziel, das erreicht werden sollte. Damit es erreicht wird, wurde innerhalb jeder Filiale ein Bonussystem zur Motivation der Mitarbeiter eingerichtet. Das bedeutet, dass jener Mitarbeiter, der den größten Umsatz bringt, am Ende des Jahres mit einer Sonderzahlung belohnt wird. Auch die nachfolgenden Plätze werden belohnt, jedoch mit einem geringeren Betrag. Nur jener Mitarbeiter oder jene Mitarbeiterin, die am wenigsten zum Umsatz beiträgt, geht leer aus.

Durch seine Erfahrung und seine außerordentliche Freundlichkeit konnte mein Freund regelmäßig den ersten Platz belegen. In derselben Filiale gab es aber auch eine Mitarbeiterin, die regelmäßig den letzten Platz belegte und leer ausging. Als ich einmal meinen Freund fragte, was denn diese Mitarbeiterin falsch mache, gab er mir zur Antwort, dass sie nicht gerne mit Kunden spreche, weil sie etwas schüchtern sei. Auf genaueres Befragen hin erfuhr ich weiter, dass diese Mitarbeiterin für die Filiale trotzdem sehr wertvoll ist, weil sie immer die „Hintergrundarbeit" mache. Sie war stets freundlich, hielt in der kleinen Teeküche Ordnung, kümmerte sich um den Einkauf von Kaffee und Kuchen und servierte bei Kundengesprächen kleine Erfrischungen. In diesem Moment wurde meinem Freund bewusst, wie wichtig die Arbeit der schüchternen Mitarbeiterin war und wie viel sie zu seinem Erfolg beigetragen hatte.

Da sich das Jahr schon dem Ende zuneigte, beschloss er, seiner Kollegin etwas von der Bonuszahlung abzugeben. Die Mitarbeiterin war überglücklich, dass auch ihre Arbeit einmal honoriert wurde. Als jedoch der Filialleiter davon erfuhr, gab es eine strenge Verwarnung für meinen Freund mit dem Hinweis, er solle nie wieder versuchen, das erfolgsorientierte System der Bank in Frage zu stellen oder ihm zuwiderzuhandeln.

Kann Erfolg überhaupt von dauerhaftem Nutzen sein, wenn er nicht aus der Zusammenarbeit von Individuen entsteht? Ich bezweifle es. Jeder Mensch hat seine ganz besonderen Fähigkeiten, die zu respektieren und zu honorieren sind. Diese Individualität zu erkennen und kooperativ zur Verfügung zu stellen, macht Sie zum Gewinner, zum wirklich erfolgreichen Menschen. Wenn Sie Ihre Zeit jedoch damit verschwenden, sich mit anderen zu vergleichen, verlieren Sie Ihre Individualität und Ihren Selbstwert.

Das Wetteifern birgt außerdem die Gefahr, dass persönliche Bestätigungen nur außen gesucht werden. Dies ist wohl ein Grund dafür, dass das psychische Leid auch bei jenen Menschen zunimmt, die eigentlich genug besitzen. Diese Menschen sind existenziell frei, ohne jeglichen Druck - und dennoch oft unglücklich, weil ihnen bei allem äußeren Streben der tiefere Sinn fehlt.

LEBE-GESUNDHEITSTIPP

- Leben Sie jene Fähigkeiten, die Ihnen mitgegeben wurden, und perfektionieren Sie diese.
- Hören Sie auf, sich mit anderen zu vergleichen oder andere übertreffen zu wollen. Es kostet Sie nur wertvolle Energie und lenkt Sie vom Wesentlichen - von Ihren ganz persönlichen Aufgaben und Fähigkeiten - ab.

Alle kommen als Original auf die Welt,
zu viele aber verlassen sie als Kopie.
Søren Kierkegaard

Gewinner und Verlierer

Es gab in der ganzen Geschichte der Menschheit noch keinen einzigen Krieg, der gewonnen wurde. Es ist dabei ganz egal, wo dieser ausgetragen wurde und zwischen wem. Es ist auch unerheblich, ob dieser Krieg für oder gegen eine gewisse Religion oder Weltanschauung, ob er für ein Land oder eine Firma geführt wurde. Alle haben Leid verursacht und noch nie gab es einen Gewinner, nur Verlierer.

Wenn Sie der Meinung sind, dass Sie der erste Mensch sein werden, der einen Krieg gewinnt, sei es gegen den Chef, den Nachbarn, den Ehepartner, Ihre Eltern oder gegen die eigenen Kinder - nur zu, versuchen Sie Ihr Glück!

Ich kann Ihnen aber jetzt schon voraussagen: Sie werden nicht gewinnen. Sie werden vielleicht kurzfristig überlegen sein, dafür relativ viel Energie aufwenden müssen, noch mehr Energie aufwenden, um den Druck aufrecht zu erhalten, der den anderen unten hält. Und wozu?

Ich habe im ersten Teil dieses Buches über die Lebensenergie geschrieben, eine Energie, die real und nachweisbar ist, auch wenn wir sie nur beobachten, aber nicht messen können. Diese Energie durchflutet alle Lebewesen. Jene, die Sie lieben, und auch jene, die Ihnen vielleicht das Leben im Moment etwas schwer machen. Wir leben von dieser Energie und sind gleichzeitig ein Teil davon – so wie eine Welle durch das Wasser entsteht, aber auch das Wasser ist.

Da das physikalische Weltbild unsere Gedanken bestimmt, meiner Ansicht nach sogar mehr als jede Religion, ist die Erkenntnis der alles durchflutenden Grundkraft auch in Bezug auf feindselige Gedanken nahezu revolutionär. Wenn Sie jedes Mal, wenn Sie jemanden angreifen, einen Teil von sich selbst angreifen, dann sind Sie stets Sieger und Verlierer zugleich ...

Auch wenn es Ihnen jetzt vielleicht schwer fällt, dies zu glauben, ein Sieger können Sie nur dann sein, wenn Sie sich auf Ihrem persönlichen Lebensweg ein Stück weiterentwickelt haben. Sie müssen also notgedrungen die Kampfebene verlassen, weil dort keine positive Entwicklung zu machen ist, sondern nur Energieverlust wartet. Wenn Sie hingegen gelernt haben, Ihre Ängste und Zweifel abzulegen, die letztlich die Grundlage für alle Angriffe sind, ob im Kleinen oder im Großen, dann erst sind Sie wirklich ein Gewinner!

LEBE-GESUNDHEITSTIPP

- Erkennen Sie, dass jeder Kampf Ihre eigene Lebensenergie schwächt.
- Lassen Sie sich nicht in die negativen Emotionen anderer Menschen hineinziehen und für deren Kämpfe missbrauchen.

Wenn der Geist nicht mehr vergleicht, beurteilt, bewertet und deshalb fähig ist zu sehen, was ist; von Augenblick zu Augenblick, ohne es verändern zu wollen – in einer solchen Wahrnehmung liegt die Ewigkeit.

Jiddu Krishnamurti

Successfull Aging

Irgendwo in Tibet lebte einmal eine Nonne, Ihr Name war Aniri. Sie las viele Bücher, meditierte und betete viel. Als der Tag kam, an dem Aniri von dieser Welt gehen sollte, wurde ein Lama gerufen, um sie hinüberzubegleiten.

Die ganze Familie war um das Bett der Frau versammelt, da kam ein alter Bauer bei der Tür herein und sagte zu der Nonne: „Aniri, mein liebes Mädchen. Dein ganzes Leben lang hast du gelernt. Du hast die besten Ausbildungen gemacht und dich perfekt vorbereitet. Jetzt ist der Augenblick gekommen zu zeigen, was du gelernt hast. Kümmere dich nicht um uns, wir kommen schon klar. Geh deinen Weg und blick nach vorne, nicht zurück. Ich muss jetzt einkaufen gehen. Vielleicht bist du nicht mehr da, wenn ich zurückkomme, ich wünsche dir alles, alles Gute.“ Als er zu Ende gesprochen hatte, verließ der Bauer das Zimmer und ging einkaufen.

Frei nach einem Vortrag von Sogyal Rinpoche

Ein verdrängtes Thema

Obwohl der Körper sich immer wieder erneuert, unterliegt er doch der Alterung. Es handelt sich dabei um ein Phänomen, das die Biologie nicht richtig erklären kann, dennoch ist es für uns alle eine Gewissheit, dass wir älter werden. Am Ende unseres Lebensweges steht für uns alle der Tod und somit die große Frage: „Was kommt danach?“

Derzeit üben sich viele Menschen in der Meisterschaft, diese Fragen aus ihrem Leben zu verdrängen. Eine Anti-Aging-Welle rollt über das Land und es scheint, dass viele Menschen einen Ehrgeiz entwickeln, möglichst jung auszusehen, wenn sie sterben. Industrie und Ärzteschaft versuchen zu helfen, wo sie nur können. Cremen können gar nicht teuer genug sein und auch Schönheitsoperationen boomen.

Nicht in allen Kulturen werden Alter und Tod verdrängt. Wenn Ihnen in China jemand sagt: „Sie sehen alt aus“, dann meint er damit nicht die Fältchen in Ihrem Gesicht. Er drückt damit aus, dass Sie in seinen Augen weise sind und im Leben schon etwas gelernt haben. Versuchen Sie einmal, diesen Satz zu Ihrem Nachbarn oder Ihrem Chef zu sagen, und warten Sie die Reaktion ab.

Auch wird der Tod in manchen Kulturen als Fest gefeiert und nicht mit der bei uns bekannten und praktizierten Trauerzeremonie. Natürlich wäre es nun interessant, darüber nachzudenken, ob es eine Form der Existenz nach dem Tode gibt, vieles deutet ja darauf hin, wichtiger erscheint mir jedoch die Frage, ob es ein Leben vor dem Tod gibt.

Das Leben vor dem Tod

Für mich bedeutet wirklich zu leben und erfolgreich alt zu werden, dass man Veränderungen in seinem Leben zulassen kann. Es bedeutet flexibel zu bleiben, beweglich, wie wir als Kinder waren, und zu lernen. Je mehr wir uns gegen Veränderungen wehren, desto starrer wird auch unsere Haltung, Muskeln verkrampfen sich und es kann zu dem einen oder anderen gesundheitlichen Problem kommen. Manche Menschen benutzen ihr Leben lang eine unglückliche Kindheit oder andere unangenehme Ereignisse in der Vergangenheit ihres Lebens als Ausrede dafür, dass sie auch als Erwachsene nicht glücklich sein können, somit sind sie schon längst gestorben, bevor sie noch tot sind.

Sie können Ihre Vergangenheit nicht ändern, aber sie können sie aus einer veränderten Sichtweise heraus sehen. Veränderungen gehören zum Leben wie Einatmen und Ausatmen, wie Tag und Nacht. Leben ohne Veränderungen kann es nicht geben, verdrängen wir den Tod, dann verlieren wir an Lebendigkeit, und die kann uns keine noch so gelungene Operation zurückbringen.

Natürlich müssen Sie, um erfolgreich älter werden zu können, auch die körperlichen Voraussetzungen schaffen. Genauso wie Ihr Bewusstsein Einfluss auf den Körper hat, so hat auch Ihr Körper Einfluss auf Ihr Bewusstsein und Ihren Verstand. Wer jahrelang seinen Körper durch Fehlernährung, mangelnde Bewegung und fehlende Entspannungszeiten vernachlässigt hat, der wird Schwierigkeiten haben, Veränderungen in seinem Leben zuzulassen. Wenn diese dann aus der Not heraus stattfinden, können sie sehr schmerzhaft sein.

Ich werde Ihnen in den nachfolgenden Kapiteln einige Tipps bezüglich Ernährung, Bewegung und Entspannung geben und gebe Ihnen hier den gut gemeinten Rat: Probieren Sie einige davon aus. Beginnen Sie gleich damit und verschieben Sie den Start nicht auf morgen oder nächste Woche. Glück, Zufriedenheit und Gesundheit im Alter werden nur dadurch erreicht, dass man bereits in der Jugend damit beginnt, Körper und Geist zu trainieren und beweglich zu bleiben.

Wenn schon der Staat mit seinem veralteten Gesundheitssystem es nicht als seine Aufgabe sieht, Ihre Gesundheit zu schützen, dann erstellen Sie doch Ihr persönliches Gesundheitsprogramm.

Einfach zum Nachdenken: Es gibt im Körper Zellen, die länger leben wollen als alle anderen, sie wehren sich gegen Veränderungen. Sie Leben in ihrem eigenen, unnatürlichen Rhythmus und teilen sich langsamer als die anderen Zellen. Sie haben auch eine andere Struktur und verbrauchen viel Energie, man nennt diese Zellen Krebszellen.

LEBE-GESUNDHEITSTIPP

- Schließen Sie Ihre Vergangenheit positiv ab und gewinnen Sie dadurch an Lebensenergie. Das Hängenbleiben in negativen Emotionen lässt Sie deutlich früher altern.
- Wenn es Ihnen einmal so richtig gut geht, wenn Sie zufrieden und glücklich sind, dann denken Sie über den Tod nach. Tun Sie das nicht, wenn es Ihnen schlecht geht, in solchen Zeiten ist es besser, Hilfe in Anspruch zu nehmen.
- Leben bedeutet Veränderung, wer sich gegen Veränderungen wehrt, verliert dabei Energie und wird zum Schluss doch (wider Willen) verändert.
- Falls Sie einmal einen Fehler gemacht haben (was jedem Menschen manchmal passiert), dann sagen Sie sich: „Ich habe wieder erfolgreich bewiesen, dass es so nicht funktioniert."

Ernährung

Eure Lebensmittel sollen
eure Heilmittel sein.
Hippokrates

Es war einmal eine kleine Sonnenblume, die sich stolz in ihrem Feld, umgeben von anderen Sonnenblumenkindern, zur Sonne streckte. Jeden Tag wuchs sie ein paar Zentimeter und wie ihre Freunde richtete sie ihre Blüte so aus, dass sie ausreichend Sonnenlicht aufnehmen konnte. Die Sonnenblume liebte es, vom Wind geschaukelt und vom Regen gebadet zu werden. Sie nahm reichlich Mineralien aus Mutter Erde auf, und nachdem die Zeit gekommen war, ordnete sie die neu entstehenden Kerne sorgfältig in einer Spirale an, so wie es der Ordnung der Natur entsprach. Sie behütete die Kerne gut, denn sie wusste, dass in ihnen die Kraft für neues Leben vorhanden war. Besonders stolz war die Sonnenblume darauf, dass sie die Gabe hatte, Vitamine und essenzielle ungesättigte Fettsäuren zu produzieren. Auch die aufgenommenen Mineralstoffe wurden durch das Wachsen der Pflanze veredelt. In den Zellen ihrer Kerne hatte sie jedoch noch etwas ganz Besonderes versteckt: Licht. Dieses Licht würde so lange in den Kernen bleiben, bis die Zeit gekommen war, die Schale aufzubrechen und neues Leben entstehen zu lassen. Dies konnte auch erst nach ein paar Jahren passieren, so gut hatte die Blume für die Körner vorgesorgt: Zum Schutz vor vorzeitiger Alterung hatte die Sonnenblume den Kernen bestimmte Stoffe, Antioxidantien, mit auf den Weg gegeben.

Eines Tages, nachdem der Kopf der Sonnenblume schon sehr schwer geworden war, kam der Landwirt mit seinen Maschinen und erntete sie. Die einst so stolze Blume war schon braun und gealtert, aber immer noch stolz genug, aufrecht zu stehen, um ihre Früchte dem Bauern zu übergeben.

Nach der Ernte kam es zu der ersten mechanischen Reinigung durch Magnete und Siebe, danach wurden die Kerne entschält. Nach der Zerkleinerung und Vorpressung wurde die Frucht zunächst auf 90 Grad erhitzt, dann wurde Hexan beigemengt, dies hatte den Vorteil, dass Proteine, Kohlenhydrate und Faseranteile abgetrennt wurden. Für das Entfernen der Fettsäuren wurde Alkalilauge verwendet, dies führte zu einer Verbesserung der Haltbarkeit und des Geschmacks. Nach einer Bleichung mit Bleicherde, bei der Chlorophyll und Pflanzenfarbstoffe entfernt wurden, war es nur mehr notwendig, bei 190–200 Grad eine Desodorierung durchzuführen, danach war es fertig: das reine Sonnenblumenöl. Es enthielt zwar kein Kalzium mehr und kein Magnesium, auch kein Zink oder Selen, auch kaum mehr Vitamine, aber es war schön verpackt, haltbar und günstig zu kaufen. Abgefüllt erinnerte nur mehr das Bild einer Sonnenblume auf der Flasche an die einstige Lebendigkeit.

Eine ähnliche Geschichte könnten der Zucker oder das Weißmehl erzählen oder der Kartoffelchip, die Haselnüsse in dem Schokoladeaufstrich oder die Haltbarmilch, die ohne Kühlung locker einige Monate im Regal überstehen kann.

Lebensmittel - Mittel fürs Leben?

Wenn wir heute über Ernährung und Gesundheit sprechen, kann es meiner Ansicht nach nicht nur darum gehen, ständig neue Regeln aufzustellen, was man warum wann und in welcher Kombination essen soll. Diese Regeln werden mit einer gewissen Selbstverständlichkeit ständig geändert, was gestern noch als gesund galt, ist morgen vielleicht schon verpönt. Darum möchte ich mich an dieser Diskussion gar nicht beteiligen, sondern meinen Blick auf etwas werfen, was mir viel wesentlicher erscheint: auf die Eignung eines Lebensmittels als „Mittler des Lebens“. Darauf, wie, ob und wie viel Lebensenergie in dem steckt, was wir zu uns nehmen.

Am Beispiel der Sonnenblume und ihrer Verarbeitung zu einem minderwertigen Lebensmittel sehen Sie, dass es damit schlecht aussieht. Man ist sich heutzutage sicher, dass viele der so genannten Zivilisationserkrankungen eng mit der Ernährung zusammenhängen. Das sind jene Erkrankungen, die hauptsächlich in den hochtechnisierten Ländern der Erde auftreten, in den ärmeren Ländern hingegen kaum bekannt sind. Herz- und Kreislauferkrankungen, Altersdiabetes (der immer öfter bei Jugendlichen auftritt), Dickdarmkrebs und Allergien sind nur einige der zahlreichen Beispiele für solche chronischen Erkrankungen.

Die Gründe, warum unsere Nahrung als Mitverursacher diverser Erkrankungen gilt, sind schnell aufgezählt:

Zu viele Kalorien
Wir nehmen zu viele Kalorien zu uns, die aufgrund der vorwiegend sitzenden Tätigkeiten nicht verbrannt werden können.

Mangelnde Nährstoffdichte
Die Lebensmittel enthalten zu geringe Mengen an Vitaminen, Mineralstoffen und Spurenelementen. Dadurch ist es dem Körper nicht möglich, die zugeführten Kalorien vollständig zu verbrennen, es kommt zur Übersäuerung.

Mangelnde Ballaststoffe
Im Allgemeinen nehmen wir viel zu wenig Ballaststoffe zu uns. Dies führt einerseits zu einer Verschlackung des Darmes, andererseits können die über die Leber ausgeschiedenen Giftstoffe nicht verarbeitet und ausgeschieden werden.

Chemische Belastung
Viele unserer Lebensmittel sind chemisch stark belastet. Die Verwendung von Chemikalien beginnt bereits in der Landwirtschaft und wird danach in der industriellen Verarbeitung fortgesetzt.

Denaturierte („entlebte") Nahrungsmittel
Man kann es fast als ein Kunststück bezeichnen, wie aus hochwertigen Lebensmitteln durch industrielle Bearbeitung minderwertige Nahrungsmittel werden, die dann, hübsch verpackt und stark beworben, den Konsumenten zum Kauf angeboten werden.

Fehlende Fastenzeiten
Viele Menschen geben ihren übersäuerten, mit Chemikalien belasteten und verschlackten Körpern nicht mehr die Möglichkeit, gründlich zu entgiften.

Es wäre für den Gesetzgeber einfach und Ausdruck einer echten Reformbereitschaft, wenn Ernährungsberatung, zum Beispiel im Rahmen der Gesundenuntersuchung, verpflichtend wäre. Dies ist jedoch in unserem Gesundheitssystem nicht vorgesehen und würde außerdem an Zeitmangel und der fehlenden Ausbildung der Ärzte scheitern. So reagiert man meistens erst dann, wenn bereits eine

Krankheit eingetreten ist. Doch selbst dann vertrauen viele Ärzte eher chemischen Medikamenten als der Hilfe aus der Natur.

Gesunde Lebensmittel können aber mehr als nur den Hunger stillen. Sie können Ihnen helfen, Ihre Lebensenergie zu erhöhen. In den traditionellen, aus der Natur entwickelten Heilsystemen wie der traditionellen chinesischen Medizin (TCM) oder dem indischen Ayurveda ist weder Gesunderhaltung noch Heilung ohne das Einbeziehen und richtige Anwenden von natürlichen Lebensmitteln vorstellbar.

Licht in unseren Lebensmitteln

Das Leben schafft Ordnung, aber die Ordnung bringt kein Leben hervor.
Antoine de Saint Exupéry

Es war Ende der Zwanzigerjahre des letzten Jahrhunderts, da machte der russische Wissenschaftler Alexander Gurwitsch eine seltsame Entdeckung. Gurwitsch war einer jener Forscher, die im Gegensatz zur üblichen Herangehensweise zuerst beobachteten und danach erst Hypothesen aufstellten.

Der Biologe hatte beobachtet, dass die Wurzeln zweier Zwiebeln in der Wachstumsphase offensichtlich in Kontakt zueinander standen. Näherte man die Zwiebeln einander an, dann stimulierten sich die Zwiebelwurzeln gegenseitig in ihrem Wachstum, trennte man sie, blieb dieser Effekt aus. Gurwitsch schloss daraus, dass zwischen den Wurzeln ein gewisser Informationsaustausch stattfinden müsse, und er vermutete, dass es sich um elektromagnetische Signale handelte.

Untersuchung an Lichtteilchen

Wie Recht der russische Forscher mit seinen Vermutungen haben sollte, konnte der deutsche Physiker und Forscher Fritz Albert Popp mit Hilfe einiger Studenten nachweisen. Popp, ein Wissenschaftler ersten Ranges, stellte die Hypothese auf, dass lebende Zellen Licht abstrahlen. Seit seiner eigenwilligen Hypothese wurde er von der offiziellen Wissenschaft nicht mehr ernst genommen, setzte aber seinen Weg unbeirrt fort. Im Jahre 1976 hatte einer seiner Dissertanten einen Apparat fertiggestellt, mit dessen Hilfe es möglich sein sollte, das ultraschwache Licht aus den Zellen nachzuweisen.

Um den Nachweis zu erbringen, wurden Gurkenkeime gezüchtet und mit dem Photomultiplier (Restlichtverstärker) untersucht. Es zeigte sich, dass Popp Recht hatte, die Keime gaben ein ultraschwaches elektromagnetisches Signal ab. Es handelte sich pro Zelle um nur wenige Photonen, doch sie waren eindeutig nachzuweisen und lagen im sichtbaren Bereich des elektromagnetischen Spektrums. Auffallend für Popp war auch, dass die Photonen der von ihm untersuchten lebenden Systeme mehr Kohärenz (Ordnung) zeigten als alles, was er bisher gesehen hatte. Normalerweise kannte man eine solche Kohärenz nur aus der Quantenphysik, aus deren Erkenntnissen man weiß, dass die winzigen Partikel, mit denen die Quantenphysik arbeitet, fähig sind, miteinander zu kooperieren. In lebenden Systemen war der Effekt noch unbekannt. Wieder einmal wurde nachgewiesen, dass Gesetzmäßigkeiten, die man bisher nur der Quantenebene zugeschrieben hatte, auch auf andere Bereiche des Lebens anwendbar sind.

Die Ordnung des Lebendigen

Die Biophotonenforschung hat sich seit den ersten Versuchen von Popp rasant weiter entwickelt. Inzwischen werden in vielen Ländern der Erde ausgedehnte Forschungen betrieben, die bereits wichtige Erkenntnisse über das Leben und seine Gesetzmäßigkeiten gebracht haben.

Die Biophotonenforschung konnte nachweisen:

- Jede Zelle jedes Lebewesens strahlt Licht ab.
- Stirbt eine Zelle, dann erlischt das Licht langsam.
- Das Licht von gesunden Zellen unterscheidet sich vom Licht kranker Zellen durch einen höheren Grad von Ordnung (Kohärenz).
- Das Licht aus der Zelle dürfte somit einen wesentlichen Anteil an der Ordnung und der Strukturbildung in Lebewesen haben.
- Lebensmittel aus biologischem Anbau, Eier und Fleisch aus artgerechter Haltung und Bio-Fütterung sind in ihrem Ordnungsgrad jenen aus konventionellem Anbau und Massentierhaltung überlegen, das Licht, das sie abstrahlen, erscheint geordneter.

Nach Fritz Albert Popp ernährt sich der Mensch nicht primär von Fleisch, Gemüse oder Mischkost, sondern er ist ein „Ordnungsräuber und Lichtsäuger“. Dieser Tatsache sollten wir Rechnung tragen, wenn wir überlegen, welche Lebensmittel für unser Wohlbefinden und zum Erhalt unserer Gesundheit optimal sind.

Lebensmittel als Heilmittel

Max wäre sicherlich ein aufgeweckter 11-jähriger Junge, wäre da nicht eine Krankheit, die ihm sein bisheriges Leben schwer machte. Er litt seit seiner Geburt an einer Unterversorgung des Darmes mit Nervenfasern (Morbus Hirschsprung). Die Folge davon war Darmträgheit. Seit seiner Geburt benötigte er jeden zweiten oder dritten Tag einen Einlauf. Fast jährlich war ein Krankenhausaufenthalt notwenig, wo unangenehme Therapien durchgeführt werden mussten. Max verkraftete diese Prozeduren nur schwer. Er zog sich immer mehr zurück, spielte nur mehr mit seinem Computer, hatte keine Freunde.

Als seine Mutter über eine Bekannte nachfragen ließ, ob es vielleicht Hilfe aus der Natur für Max gäbe, empfahl ich ihr, gemahlenes und aktiviertes Vulkangestein auszuprobieren. Es handelt sich dabei um ein reines Naturprodukt, das einen sehr hohen Anteil an Silizium aufweist und im Darm unter anderem die Funktion von Ballaststoffen übernimmt.

Es dauerte nur vier Tage, bis Max das erste Mal in seinem Leben einen normalen Stuhlgang hatte. Die Mutter war erfreut und zugleich erstaunt. Es waren keine weiteren Einläufe mehr notwendig, Max blühte auf. Sein Selbstbewusstsein entwickelte sich. Bald hatte er Freunde, begann Fußball zu spielen und damit sein beträchtliches Übergewicht abzubauen. Sein Leben hat sich durch eine kleine diätetische Maßnahme grundlegend verändert.

Natürlich handelt es sich bei Vulkangestein nicht um ein Lebensmittel im eigentlichen Sinn, sondern vielmehr um ein Nahrungsergänzungsmittel. Doch es übernimmt die Funktion eines Lebensmittels, indem es Ballaststoffe liefert, die leider in der modernen Ernährung nur mehr in geringem Maß vorkommen. Mit ähnlichen Vorgangsweisen konnte ich auch Menschen mit Morbus Crohn (Entzündung des Dünndarms) oder Colitis (Dickdarmentzündung) so weit helfen, dass sie die Cortisongaben nach ein paar Wochen verringern und am Ende ganz absetzen konnten.

Mit Lebensmitteln das Leben fördern

Unter „Lebensmittel“ verstehe ich Produkte, die das Leben fördern (somit ist Vulkangestein also doch ein Lebensmittel). Das Lebensmittel kann nur dann Heilmittel sein, wenn es die Merkmale des Lebendigen behalten hat und in ihm daher ausreichend Lebensenergie vorhanden ist. Durch die schon angesprochene industrielle Verarbeitung, durch Intensivlandwirtschaft, Haltbarmachung und lange Lagerung werden aus echten Lebensmitteln tote Nahrungsmittel. Machen Sie sich einmal in der Nahrungsmittelabteilung eines modernen Supermarktes auf die Suche nach hochwertigen, natürlichen Lebensmitteln. Ich bin überzeugt, dass die Suche nicht allzu erfolgreich sein wird. Warum wundern wir uns über eine Zunahme der chronischen Erkrankungen?

Die Merkmale lebendiger Lebensmittel

Hohe innere Ordnung

Die Fähigkeit Ordnung zu bilden ist ein wesentliches Merkmal lebender Systeme. Erwin Schrödinger, österreichischer Nobelpreisträger, prägte den Satz: „Der Organismus nährt sich von negativer Entropie.“ Unter Entropie versteht man in der Physik ein Maß für die Unordnung. Nimmt die Ordnung ab, dann nimmt die Entropie zu. „Negative Entropie“ bedeutet daher das Gegenteil – die Zunahme von Ordnung. Obwohl der Begriff vielleicht etwas unglücklich gewählt ist, erkennen wir daraus, dass unser Organismus Lebensmittel braucht, die durch eine hohe Ordnung ausgezeichnet sind.

Natürliche, hohe Ordnung kann aber nur durch die Rhythmen der Natur entstehen. Werden Lebensmittel unter unnatürlichen Bedingungen produziert (Kunstdünger, ausschließlich künstliche Lichtquellen etc.), dann entwickeln sie von Beginn an energetisch minderwertige Strukturen. Durchlaufen sie noch industrielle Verarbeitungsprozesse, dann sind alle Strukturen bereits zerstört, bevor wir das Nahrungsmittel (von Leben ist nun keine Rede mehr) zu uns nehmen. Im übertragenen Sinne bedeutet das, einen Holzofen mit Asche heizen zu wollen. Wir brauchen das ganze Holzstück, um Feuer zu machen und daraus Wärme zu gewinnen. Mit unseren Lebensmitteln verhält es sich genauso.

Hohe Nährstoffdichte

Gesunde Lebensmittel weisen eine hohe Nährstoffdichte auf. Darunter versteht man den Gehalt an Mineralstoffen, Vitaminen und Spurenelementen, in Beziehung gesetzt zu der Anzahl an Kalorien. Weist ein Lebensmittel eine hohe Anzahl an Kalorien auf, hat jedoch nur einen geringen Anteil an Mineralstoffen und Vitaminen, dann spricht man von einer geringen Nährstoffdichte.

Leider weisen sehr viele Nahrungsmittel ebenso wie verschiedene Getränke eine geringe Nährstoffdichte auf. Manche Getränke enthalten 30 Stück Würfelzucker pro Liter, dafür aber keinen nennenswerten Anteil an Mineralstoffen und keinerlei Vitamine. Da der Organismus jedoch Mineralstoffe braucht, um mit der ganzen Ladung an Kalorien fertig zu werden, betreibt er Raubbau an körpereigenen Strukturen (Knochen und Zähnen). Das Resultat ist, dass die Zähne für Karies anfällig werden und die Knochen an Dichte verlieren. Außerdem wird die Bauchspeicheldrüse massiv belastet, da sie in Rekordzeit Insulin produzieren muss, damit der Zucker aus dem Blut in die Zellen gepumpt werden kann.

Frei von Chemie

Lebensmittel sollten frei von Chemie sein. Chemische Rückstände werden vom Körper als Giftstoffe erkannt und auch als solche behandelt, er versucht sie auszuscheiden. Leider sind die Ausscheidungsorgane (vor allem Leber, Darm und Niere, nachfolgend auch die Haut) oft nicht mehr ausreichend in der Lage, mit der Flut von Giftstoffen fertig zu werden. Somit muss der Müll irgendwo abgelagert werden - dies geschieht im Bindegewebe. Die Folgen können verheerend sein. Es kann zu einer Abnahme der biologischen Rhythmen führen, dadurch zu einem Strukturverlust der Zellen, der bis in die Erbsubstanz hineinreicht. Die Merkmale der Gesundheit - Rhythmus und Ordnung - gehen verloren, Krankheit tritt ein.

Eine weitere Folge der Giftbelastung ist auch der Mangel an Lebensenergie, jener Kraft, die das Lebendige permanent durchflutet. Im Gespräch mit chronisch Kranken höre ich immer wieder, dass vor Ausbruch der Erkrankung unspezifische Symptome auftraten, wie Schlafstörungen oder Energielosigkeit. Schon in diesem Stadium sollte man seine Lebensführung überdenken.

Hoher Anteil an Ballaststoffen

Ballaststoffe sind die Anteile unserer Lebensmittel, die unverdaut den Darmtrakt passieren. Obwohl sie nicht durch die Darmwand aufgenommen werden, sind sie für den Organismus von wesentlicher Bedeutung. Einerseits fördern Ballaststoffe die natürliche, rhythmische Darmbewegung, andererseits aber auch die Entgiftung des Körpers. Dabei spielen die Leber und die Gallenflüssigkeit eine wichtige Rolle. Die Leber hat die Aufgabe, Giftstoffe aus dem Blut zu filtern und über die Gallenflüssigkeit in den Darm zu führen. Sind dort keine Ballaststoffe vorhanden, die die mit Giften beladene Gallenflüssigkeit binden, dann wird ein Teil wieder „zurückgeschickt" und gelangt postwendend in die Leber - es kommt also zu einer Art Selbstvergiftung.

Dadurch kann sich die Leber nie richtig von Giftstoffen befreien, obwohl sie auf Hochtouren arbeitet. Bemerkbar macht sich das - noch bevor im Blutbefund die Leberwerte erhöht sind - anhand eines gestörten Schlafrhythmus: Man wacht zwischen ein und drei Uhr nachts auf bzw. kann in dieser Zeit nicht schlafen. Auch Alpträume in diesem Zeitraum sind ein Hinweis auf eine Überlastung der Leber (wie man im Volksmund weiß, beschert schweres Essen am Abend schlechte Träume). Es ist für mich als Arzt immer wieder faszinierend zuzusehen, wie sich die Leber (und oft auch Augen, Sehnen, Muskeln und Gelenke, die nach der chinesischen Medizin eng mit der Leber verbunden sind) durch die Zufuhr von Ballaststoffen nachweisbar erholt und sich dadurch auch der Schlaf deutlich verbessert. Für den Ganzheitsmediziner sind diese Zusammenhänge einfach und logisch und er braucht keine weiteren Erklärungen. Es genügt das Wissen um die Merkmale des Lebendigen.

Der konservative Schulmediziner schüttelt hingegen den Kopf, zückt seinen Rezeptblock, verschreibt ein Schlafmittel und schafft damit eine weitere Belastung für die Leber.

Hohe Elektronenenergie

Viele natürliche Lebensmittel weisen einen hohen Anteil an negativ geladenen Teilchen auf. Diese Elektronen wirken im Körper als Antioxidantien. Unter Oxidation versteht man die Verbrennung, den Abbau von Strukturen, unter Reduktion ihren Aufbau. Es sollte im Körper ein gewisses Gleichgewicht zwischen diesen beiden Vorgängen herrschen. Ist dieses nicht gegeben, dann wird der Körper von so genannten „Freien Radikalen" belastet. Die hochaggressiven Freien Radikale rauben wahllos Elektronen. Sind letztere in der Nahrung nicht ausreichend enthalten, werden körpereigene Strukturen angegriffen, irreversibel zerstört und im Bindegewebe deponiert. Stoffwechselprozesse werden auf unnatürliche Weise beschleunigt, wir erkranken leichter, werden schneller alt, verschlacken und fühlen uns energielos.

Als Elektronenspender für den Körper fungieren unter anderem Vitamine, Mineralstoffe und Spurenelemente, also jene wertvollen Inhaltstoffe, die den industriell verarbeiteten Nahrungsmitteln fehlen. Uns sollte bewusst werden, dass die Gesundheit nur durch die Aufnahme von Antioxidantien, die vor dem Raubbau durch die Freien Radikale schützen, aufrechterhalten werden kann.

LEBE-GESUNDHEITSTIPP

Lernen Sie, Ihre Lebensmittel nach den Kriterien des Lebendigen auszusuchen:

- Hohe Ordnung
- Unbelastet von Chemie
- Hohe Nährstoffdichte
- Ballaststoffreich
- Hohe Elektronenenergie
- Bevorzugen Sie daher so oft wie möglich Lebensmittel aus biologischem Anbau, Fleisch und Eier aus artgerechter Haltung und biologischer Fütterung, die außerdem nicht industriell weiterverarbeitet wurden.
- Krankheit bedeutet Ordnungsverlust. Lebensmittel von hoher Qualität und aus biologischem Anbau können helfen, die Ordnung wieder herzustellen.

Lebens-Mittel statt Nahrungs-Mittel

Sie haben längst bemerkt, was ich Ihnen sagen möchte: Machen Sie *lebendige Lebensmittel* zu Ihrer Hauptnahrungsquelle. Gönnen Sie sich das Beste, was die Natur zu bieten hat. Sie würden ja auch nicht auf die Idee kommen, das alte Motoröl Ihres Nachbarn zu kaufen und in Ihr Auto zu gießen.

Und beachten Sie: Lebensmittel haben nicht nur Einfluss auf Ihr körperliches Wohlbefinden. Auch seelische Ausgeglichenheit und geistige Fitness können durch naturnahe Ernährung gefördert werden. Lassen Sie sich diese Chance nicht entgehen, leben Sie. Ihr Körper wird es Ihnen danken, denn Lebensmittel sind Vermittler von Lebensenergie.

Vitamine & Co

Vorbeugen ist besser als heilen.
Christoph Wilhelm Hufeland

Hätte ich die Chance gehabt, mir meine Lehrer in der Medizin auszusuchen, dann wäre neben Paracelsus und Samuel Hahnemann auch noch Christoph Wilhelm Hufeland (1762–1836) auf meiner Wunschliste gestanden. Hufeland war der Leibarzt von Goethe, Schiller und Herder und ab 1801 königlicher Leibarzt in Berlin. Er wurde mit seinem Hauptwerk, „Die Kunst das menschliche Leben zu verlängern", bekannt, in dem er die „Makrobiotik" lehrte – lange bevor sie uns als Ernährungsempfehlung des 20. Jahrhunderts begegnete. Hufeland war einer der ersten Ärzte, der die Bedeutung von gesunder, ausgewogener, mineralstoffreicher Ernährung erkannte – ein Präventivmediziner der ersten Stunde.

Zu Hufelands Zeiten war allerdings die Nährstoffdichte der Lebensmittel durch die natürliche Anbauweise noch hoch und die industrielle Verarbeitung noch nicht erfunden, was uns zu der häufig gestellten Frage führt: Ist es sinnvoll, lebensnotwendige Nährstoffe als Nahrungsergänzung einzunehmen?

Für mich als Ganzheitsmediziner ist eine gute Versorgung mit Vitaminen, Mineralstoffen und Spurenelementen eine wertvolle Möglichkeit, das Leben gesünder zu gestalten. Allerdings ist entscheidend, was Sie da wirklich zu sich nehmen.

Vitamine – synthetisch hergestellt?

Industriell hergestellte Vitamine sind ein gutes Geschäft. Allein in Deutschland werden jährlich Tausende Tonnen von Vitamin C (Ascorbinsäure) produziert. Doch kann es nach all den bekannten

Merkmalen des Lebendigen wirklich möglich sein, dass man Stoffe, die die Natur scheinbar ohne große Mühe mit Hilfe von Sonnenlicht und Lebensenergie hervorbringt, zuerst im Labor und danach mit großem technischem Einsatz nachbaut? Kann es wirklich sein, dass diese chemischen Produkte den natürlichen ebenbürtig sind?

Mir erscheint diese Annahme ziemlich naiv. In dem Wort Vitamin steckt das Wort „vita“ (lat. Leben). Doch wo ist das Leben in synthetischen Stoffen?

Studien sollen zwar belegen, dass synthetisch hergestellte Vitamine genau denselben Wert für den Konsumenten haben wie natürliche. Bioenergetische Tests beweisen jedoch das Gegenteil. Bei Gestalt gebenden Nachweismethoden zeigt sich, dass die synthetische Ascorbinsäure in keiner Weise in der Lage ist, Strukturen aufzubauen. Anders das Vitamin C, das etwa aus der Acerola-Kirsche gewonnen wird. Es bildet sichtbare Strukturen in hoher Ordnung aus. Chemisch mögen die synthetischen Vitamine und die natürlichen zwar gleich sein, biophysikalisch liegen aber Welten dazwischen - den synthetischen Vitaminen fehlen die Merkmale des Lebendigen.

Ein weiterer Vorteil von natürlichen Produkten ist, dass sie neben den Vitaminen auch alle Vitaminvorstufen und sekundäre Pflanzenstoffe (Flavonoide) enthalten. All diese Inhaltstoffe unterstützen einander in ihrer Wirkung und bilden das Ganze, das die Natur hervorbringt.

Organische und anorganische Mineralstoffe

Ähnlich wie mit den Vitaminen verhält es sich mit den Mineralstoffen. Mineralstoffe sind die Bausteine des Lebens und zum Teil auch wertvolle Antioxidantien, die uns vor Freien Radikalen schützen. Üblicherweise nehmen wir Mineralstoffe mit unserer Nahrung zu uns. Allerdings sind die Ackerböden seit Jahren schon an Mineralstoffen verarmt. Bereits vor über 60 Jahren wurde dem amerikanischen Kongress ein Regierungsdokument vorgelegt, aus dem hervorging, dass 99 % der amerikanischen Bevölkerung nicht die Menge an Mineralien zu sich nehmen, die sie benötigen würden, um die Gesundheit zu erhalten. Und wie sieht es heute aus? Ich denke, dass sich die Situation nicht grundlegend geändert hat.

Natürlich waren solche Studien wieder ein Startschuss für die Industrie. Es wurde damit begonnen, Nahrungsergänzungsmittel mit

Mineralien zu produzieren und zu verkaufen. Die meisten Mineralstoffe werden in rein metallischer Form zum Kauf angeboten, die zwar von Pflanzen zu 100 %, von Menschen aber nur zu 3-5 % resorbiert werden können. So kommt es, dass vielen Frauen brav täglich die ihnen verschriebenen Kalziumtabletten einnehmen, trotzdem aber an Osteoporose oder an anderen Kalziummangelerkrankungen leiden. Der Gesetzgeber drückt ein Auge zu und verlangt nur, dass der Hersteller den Gehalt an Kalzium auf der Packung angeben muss, jedoch nicht die Aufnahmequote im Körper.

Pflanzen übertreffen die Technik also nicht nur bei der Produktion von Vitaminen, sondern auch bei der Produktion von Mineralstoffen. Sie verwandeln die aufgenommenen Mineralien in eine organische Form, die vom menschlichen Organismus zu 98 % aufgenommen (resorbiert) werden kann. Oft wird die Resorption auch noch dadurch verbessert, dass Mineralstoffe aus der Pflanze als so genannte Kolloide vorliegen.

Kolloide - schwebende Teilchen

Kolloide spielen im Lebendigen eine wesentliche Rolle. In einer kolloidalen Lösung sind die festen Teilchen so winzig und fein verteilt, dass sie nicht zu Boden sinken, auch wenn man die Lösung längere Zeit stehen lässt, sondern in der Flüssigkeit in Schwebe bleiben. Man kann von einer „Überlistung der Schwerkraft“ sprechen.

Um die Bedeutung von mineralischen Kolloiden hervorzuheben, möchte ich Ihnen die Beobachtung von Dr. Jackson Stockwell („Das Geheimnis kolloidaler Mineralien“) nahe bringen. Er schreibt, dass es Völker mit einer Lebensdauer von 100 bis 120 Jahren gibt. Obwohl die Völker geografisch, kulturell und von der Abstammung her grundverschieden sind, haben sie alle etwas gemeinsam: Sie leben abgelegen, fern jeder Zivilisation, weit oben in den Bergen an der Baumgrenze. Es regnet sehr wenig und sie sind gezwungen, ihre Felder zu bewässern. Für die Bewässerung der Felder verwenden diese Menschen Gletscherwasser (auch bekannt als Gletschermilch, wegen des milchig trüben Aussehens). Dieses Wasser ist eigentlich ein Mineralstoffkolloid. Es beinhaltet eine Unzahl von Mineralien aus Steinen, die der Gletscher fein zermahlen hat, gelöst als Kolloid. Dieses Wasser dürfte die Basis der Langlebigkeit jener Völker ausmachen.

Nahrungsergänzungsmittel

Zusammenfassend lässt sich sagen, dass kein Zweifel an der Bedeutung von Vitaminen, Mineralstoffen und Spurenelementen für unseren Organismus besteht. Es besteht auch kein Zweifel daran, dass ein Großteil der Bevölkerung an einem Mineralstoffmangel leidet, dies kann zu ernsten Erkrankungen führen. Da unsere Nahrung zu wenige Mineralstoffe enthält, müssen diese, zumindest zeitweise, substituiert werden. Dabei sind jedoch die Spielregeln der Natur einzuhalten und nicht die der Technik.

LEBE-GESUNDHEITSTIPP

- Für Ihre Gesunderhaltung und die volle Leistungsfähigkeit ist eine ausreichende Versorgung Ihres Körpers mit Vitaminen und Mineralstoffen von großer Bedeutung.
- Regelmäßige Zufuhr von Nahrungsergänzungsmitteln kann dazu beitragen, chronische Krankheiten zu verhindern.
- Achten Sie bei der Auswahl der Produkte auf deren Natürlichkeit. Natürliche Produkte sind synthetischen in ihrer Wertigkeit für den Organismus deutlich überlegen.
- Ein erhöhter Bedarf an Vitaminen, Mineralstoffen und Spurenelementen besteht bei: Rauchern, regelmäßigem Alkoholkonsum, Stress, Schwangerschaft, Sportlern, chronischen Erkrankungen. Hier ist eine regelmäßige Substitution dringend zu empfehlen.

Das Bindegewebe - Matrix unserer Zellen

Alles ist mit allem verbunden, wie durch ein unsichtbares Netzwerk. Alles schwingt mit Allem in Einklang.
Michael Ehrenberger

Nehmen Sie sich einmal die Zeit und blicken Sie in einer sternenklaren Nacht zum Himmel empor. Wenn Sie sich nicht gerade in einer Großstadt befinden, dann werden Sie eine Myriade von Sternen sehen, vielleicht auch einige Sternbilder erkennen. Wenn wir uns nun die Frage stellen: „Was befindet sich denn zwischen den

Sternen?“, dann ist Ihre erste Antwort wahrscheinlich: „Nichts - Vakuum!“ Dem ist aber nicht so. Zwischen den einzelnen Objekten am Himmel befindet sich - da allgegenwärtig und auch im Vakuum vorhanden - die fluktuierende, rhythmisierende und strukturierende Lebensenergie, ich habe im ersten Teil des Buches darüber berichtet.

Wenn wir nun nicht gemeinsam in den Himmel blicken, sondern in Ihren Körper, und ich stelle die Frage: „Was befindet sich zwischen den Zellen (die ja auch durch ihre Lichtabstrahlung wie kleine Sterne aussehen)?“, wäre Ihre Antwort wahrscheinlich wieder: „Nichts“. Aber auch diese Antwort wäre falsch, denn zwischen den Zellen befindet sich das fluktuierende, rhythmisierende und strukturierende Bindegewebe. Dieses Bindegewebe durchzieht Ihren Körper vom Kopf bis zu den Zehen und hat eine größere Bedeutung für Ihre Gesundheit, als Sie vielleicht ahnen, und es ist eng verbunden mit der Lebensenergie.

Die Ganzheit des Körpers

Es war vor über zwanzig Jahren und ich hatte gerade mein Studium beendet. Natürlich war ich stolz darauf, nun endlich Arzt zu sein und in einem Krankenhaus arbeiten zu dürfen. Bald nach dem Beginn meiner Krankenhausausbildung rief mich ein Freund an und erzählte mir, dass er sich seit einiger Zeit nicht wohl fühle. Er habe ständig leichtes Fieber und Schmerzen in der Brustwirbelsäule. Gemeinsam mit einem Bekannten untersuchte ich meinen Freund. Ich war bald ratlos, denn ich konnte ohne diverse klinische Untersuchungen wie Blutbefund und Röntgen keine Diagnose stellen. Der Bekannte allerdings war ausgebildeter Masseur und hatte eine Zusatzausbildung über Fußreflexzonen absolviert. Er tastete also die Fußsohlen meines Freundes vorsichtig ab und kam zu folgendem Schluss: „An jener Stelle, an der der linke Harnleiter in die Blase mündet, ist das Gewebe verändert, der Schmerz in der Brustwirbelsäule hängt damit zusammen.“ Kurz nach der Untersuchung erfolgte die Aufnahme meines Freundes in ein Wiener Krankenhaus. Nach einer Woche stand die Diagnose fest: Es handelte sich um ein Blasenkarzinom, das sich genau an jener Stelle gebildet hatte, die mein Bekannter beschrieben hatte. Der Schmerz in der Brustwirbelsäule wurde von einer Metastase ausgelöst.

Der Freund war mein Vater. Er starb, noch bevor ich die Ausbildung im Krankenhaus beendet hatte. Natürlich schmerzte mich der Tod meines Vaters sehr, aber ich hatte auch etwas gelernt. Ich hatte gelernt, dass es wohl mehr gibt im Lebendigen, als mich gelehrt worden war, meine Neugierde war erwacht.

Ich fragte mich lange Zeit, wieso mein Bekannter nur durch das Abtasten der Fußsohle eine so exakte Diagnose hatte stellen können. Heute weiß ich es. Der Körper ist eine Ganzheit, in der jede Zelle Auskunft über den ganzen Körper geben kann. Informationen werden mit Lichtgeschwindigkeit (Biophotonen) ausgesendet und man kann über die Fußsohle, das Ohr, Reflexzonen am Rücken oder über die Iris Diagnosen stellen.

Ein Gewebe, das alles verbindet

Alle Organe des Körpers werden über ein einziges System verbunden, das man als eigenes Organ bezeichnen kann: das Bindegewebe.

Das Bindegewebe eines erwachsenen Menschen hat ein Gesamtgewicht von ca. 12 kg und wird ständig von ca. 10 Liter Flüssigkeit durchspült. Die Flüssigkeit im Bindegewebe nennt man die extrazelluläre Flüssigkeit (außerhalb der Zellen befindlich), sie steht in permanentem Austausch mit der intrazellulären Flüssigkeit (der Flüssigkeit in den Zellen). Ein ebensolcher Austausch findet mit dem Blut, aber auch mit dem Liquor (unserer Gehirnflüssigkeit) statt. Im Gegensatz zum geschlossenen Blutkreislauf entspricht der Kreislauf der Bindegewebsflüssigkeit einem offenen System.

Das Bindegewebe hat unter anderem folgende Aufgaben:

- Transport der Nährstoffe vom Blutgefäß zu den Zellen
- Mithilfe beim strukturellen Aufbau der Zellen
- Vernetzung von Psyche, Nerven und Immunsystem
- Abpufferung und Abtransport von Stoffwechselschlacken und Schwermetallen
- Hüter der Körperrhythmen

Können wir nicht in den Aufgaben des Bindegewebes Merkmale des Lebendigen erkennen, Strukturaufbau, Rhythmus, Bewegung und Kommunikation? Es ist also kein Wunder, dass dieses Organ von der Medizin so lange Zeit übersehen wurde.

Es wurde übersehen, obwohl es das größte und schwerste Organ ist und trotz seiner zentralen Aufgaben. Da sich die Medizin auf die Untersuchung von Organen und Zellen spezialisiert hat, beachtet sie nur einen Bruchteil der Vorgänge im menschlichen Körper.

Übersäuertes Gewebe

So wie jedes andere Organ kann aber auch das Bindegewebe geschädigt werden und erkranken. Eine Bindegewebsazidose (Übersäuerung) tritt im Vorfeld und begleitend bei jeder chronischen Erkrankung auf. Es gibt keine schulmedizinische Behandlung, weil es aus schulmedizinischer Sicht diese Erkrankung gar nicht gibt. Das vielleicht Entscheidendste aber ist, dass sämtliche medikamentösen Behandlungen, statt für eine Entlastung des Bindegewebes zu sorgen, genau das Gegenteil bewirken: sie tragen dazu noch weiter bei. Wundert uns da, dass die Schulmedizin für die chronischen Krankheiten, die heute so zahlreich auftreten, keine wirklich erfolgreichen Behandlungen anbieten kann? Dass letztlich - wieder nur mit Hilfe von unterdrückenden Medikamenten - Entzündungen nur unterbunden, Schmerzen nur betäubt werden können und dass diese Medikamente erhebliche Nebenwirkungen haben?

Schädlich sind

Die Ursachen, die zu einer Übersäuerung des Bindegewebes führen können, sind von Übermaß und Mangel geprägt.

Raffinierter Zucker und Weißmehl

Weißmehl und Industriezucker gelten als indirekte Säurebildner. Die in ihnen enthaltene Nahrungsenergie kann aufgrund des Fehlens von Vitaminen und Mineralstoffen nur unvollständig verwertet werden, dies führt zu vermehrter Säurebildung. Ist der Körper hingegen ausreichend mit Nährstoffen versorgt, dann können die zugeführten Kohlenhydrate restlos zu Wasser und CO_2 abgebaut werden, das wiederum über die Lunge abgeatmet wird.

Billige Speiseöle und gehärtete Fette

Industrieöle wie billige Speiseöle, Frittieröle und gehärtete Fette enthalten aus Gründen der Haltbarkeit ausschließlich gesättigte Fettsäuren. Es sind jedoch die ungesättigten Fettsäuren, die für den Aufbau von Zellmembranen unverzichtbar sind. Eine Unterversorgung mit ungesättigten Fettsäuren führt zu einem Brüchigwerden der Zellmembran und einer vorzeitigen Alterung der Zelle. Außerdem enthalten minderwertige Öle und Fette nur mehr in einem geringen Maß fettlösliche Vitamine. Dadurch wird die Stoffwechsel-Arbeit der Enzyme behindert und es werden wiederum vermehrt Säuren gebildet.

Zu viel Eiweiß
Ein überhöhter Konsum von Eiweiß aus Fleisch, Wurst, Milch, Käse, Eiern, Meeresfrüchten etc. führt langfristig zu einer Überlastung des Stauspeichers des Bindegewebes und somit zu einer Regulationsstarre. Ist das Bindegewebe voll, dann verdicken sich auch die Arterienwände und es kommt zu Gefäßschädigungen. Außerdem wird durch die Verdickung des Bindegewebes der Transport von Nährstoffen aus der Blutbahn zu den Zellen behindert, dies führt zu einer weiteren Verschlechterung der Stoffwechselsituation.

Gifte
Übersäuernd wirkt die Belastung des Körpers mit unnatürlichen chemischen Verbindungen (zu denen auch Medikamente zählen), insbesondere aber mit Schwermetallen (Blei, Quecksilber und Cadmium). Diese Stoffe („Speichergifte") können nur schwer ausgeschieden werden. Sie werden zwischen den Zellen abgelagert und stören somit die natürlichen Abläufe von Rhythmusentwicklung und Strukturbildung. Übersäuernd wirken aber auch die im Körper selbst produzierten Gifte wie Gärungsgifte und Fuselalkohole, die aus einer Ernährung mit zuviel Eiweiß, aus schwacher Verdauungsleistung oder gestörtem Darmmilieu (etwa durch Pilze) entstehen.

Zu viel Stress
Damit ist sowohl psychischer als auch physischer Stress gemeint. Stressfaktoren sind Zeitdruck, Überarbeitung, körperliche oder geistige Überanstrengung und vor allem seelische Faktoren wie Angst, Zorn, Aggression, Frustration oder Trauer. Sie wirken sich negativ auf die Funktion des Bindegewebes aus, da es neben vermehrtem Adrenalinausstoß (der noch dazu nicht durch Bewegung abgebaut wird) zu einer Engstellung der Gefäße kommt und somit zu einer

Verminderung des Flüssigkeitsaustausches. Weitere Stressfaktoren sind Elektrosmog, chronische Krankheiten, Operationen.

Förderlich sind

Ausreichend basische Nährstoffe
Besonders der Mangel an basischem Natrium, Magnesium, Kalzium und Kaliumsalzen versäuert uns das Leben und das Bindegewebe. Industriell verarbeitete Produkte weisen, wie schon beschrieben, einen Mangel an diesen basischen Nährstoffen auf, während sie in Vollwertprodukten reichhaltig vorkommen. Auch fast alle Gemüsesorten, Kräuter und Gewürze sowie reife Obstsorten sind Basenspender.

Ausreichend Wasser
Das Bindegewebe kann man auch als eine gallertartige Masse mit einem sehr hohen Wasseranteil ansehen. Diese Flüssigkeitsmenge muss ständig durch das Trinken von reinem Wasser (ohne Kohlensäure) aufgefüllt werden. Gesüßte Limonaden, Alkohol und Kaffee kann man dazu nicht heranziehen, da sie nicht in der Lage sind, das Bindegewebe ausreichend mit Flüssigkeit zu versorgen. Im Gegenteil, sie wirken sich lediglich auf die Verschlackung positiv aus und wirken zum Teil noch entwässernd.

Ausreichend Bewegung
Eine bewegungsarme Lebensweise führt ebenfalls zu einer Verschlackung des Bindegewebes. Durch Bewegung wird der Flüssigkeitsaustausch des Körpers angeregt und dadurch das Bindegewebe gereinigt. Es ist allerdings notwendig, richtige, maßvolle und an die persönliche Leistungsfähigkeit angepasste Bewegung zu machen – sonst übersäuert man erst recht. Während und nach dem Training ist es wichtig, den Flüssigkeitsverlust, bei starkem Schwitzen auch den Mineralstoffverlust, wieder auszugleichen.

Übersäuerung führt zu Energieverlust

Durch die Übersäuerung des Bindegewebes kommt es nachfolgend zu einer Abnahme des Energiepotenzials der Zellen (Membranpotenzial, siehe Seite 29). Schwingung und Rhythmus gehen verloren und Lebensenergie kann nicht mehr in ausreichendem Maß aufgenommen werden. Das System wird träge und starr. Das einst offene System des Bindegewebes schließt sich immer mehr ab, wenn es ganz geschlossen ist, tritt der Tod ein. Ich habe in meiner ärztlichen Laufbahn keinen einzigen chronisch kranken Menschen gesehen, der nicht an einer Übersäuerung seines Körpers litt.

Aber auch für viele Menschen, die bei der Gesundenuntersuchung mit Bestnote abschneiden, gilt leider, dass ihr Körper bereits übersäuert ist - auch wenn die Auswirkungen mit den anerkannten Labormethoden noch nicht darstellbar sind.

Zusammenfassend kann man sagen: Krankheit entsteht nicht über Nacht. Sie fängt dort an, wo wir in der Schulmedizin nicht hinschauen, in einem der wichtigsten und größten Organe des Menschen: dem Bindegewebe. Es ermöglicht im gesunden Zustand Kommunikation zwischen den Zellen und der Außenwelt. Es ist *der* Vermittler von Lebensenergie und weist alle Merkmale des Lebendigen auf. Ist das Bindegewebe verschlackt, dann gerät der Energiehaushalt des Menschen aus dem Gleichgewicht. Die Verschlackung nennt man auch „Übersäuerung". Die Folgen einer Übersäuerung können sein: eine Abnahme der Lebensenergie, Verlust von Kreativität und positiver Lebenseinstellung, chronische Müdigkeit und bei längerer Dauer eine chronische, körperliche Krankheit.

Wirken Sie daher rechtzeitig der Übersäuerung entgegen!

Die Hitliste der Säurebildner

Wahre Säurebomben sind zuckerhaltige Speisen und Getränke, Alkohol, Schwarztee, Kaffee, alle Arten von „fast food", unreif geerntete Früchte, vor allem nicht ausgereifte Zitrusfrüchte, und Backhefe. Fleisch, Fisch, Wurst, Geflügel, Meeresfrüchte, Eier, Topfen (Quark), Schmelzkäse rangieren als Säurebildner auch ganz oben, gefolgt von geschältem Reis, Erdnüssen, Gerste, Hafer, geschältem Weizen und Roggen. Käse (bis auf wenige Sorten), kohlensäurehaltige Getränke (auch Mineralwasser), pasteurisierte Obstsäfte, industriell verarbeitete Speiseöle und billige gehärtete Fette, industriell veränderte Nahrungsmittel sind ebenfalls säurebildend.

Neutrale Lebensmittel

Vom Getreide sind Buchweizen, Hirse und Dinkel neutral, Mais ist schwach säurebildend, nicht hitzebehandeltes Obers (Sahne), Milch und Süßrahmbutter sind neutral, ebenso Pilze, Mandeln, Haselnüsse,

Vollkornteigwaren und nicht erhitztes Distel- und Olivenöl. Besonders empfehlenswert ist Leinöl, das zusätzlich noch entgiftende Wirkung auf den Körper hat.

Gemüse und Obst sind Basenspender

Basenspender sind vor allem Kichererbsen, Gurken, Rettich, Meeresalgen und Spirulinaalgen, frische Kräuter, Trockenobst, Löwenzahnblätter, Kastanien, Alfalfasprossen, Sojabohnensprossen, reife Zitronen, Mangold, frische Oliven, Avocado, Papaya, Mango, Feigen, Korinthen, Bananen, schwarzer Rettich, Rote Rüben (rote Beete), Karotten, Kartoffeln, Lauch, grüner Salat, Tomaten, Spinat und grüne Bohnen, die übrigen Gemüsesorten sind leicht basisch.

LEBE-GESUNDHEITSTIPP

- Wirken Sie rechtzeitig der Übersäuerung entgegen! Mit basischen Nahrungsmitteln, indem Sie viel Wasser trinken und für ausreichend Bewegung sorgen.
- Basenmischungen und Vulkangestein unterstützen die Entsäuerung.
- Nachdem die Säure-Basen-Tabellen mitunter starke Unterschiede aufweisen, gilt generell, dass man Basenbildner am besten vor allem aus (reifen) Obst- und Gemüsesorten wählt, mit neutralem Getreide ergänzt und mit Säurebildnern im Verhältnis von nur einem Drittel zu zwei Drittel Basenbildnern kombiniert.
- Nicht vergessen: Zur gesunden Ernährung gehören auch hochwertige, kalt gepresste Öle, Nüsse und Butter (oder das indische Ghee, Butterschmalz).

Die Sieben-Tage-Entgiftungskur

Willst du den Körper heilen, dann reinige seine Säfte!
Paracelsus

Hubert ist Pensionist. Eigentlich hatte er vor, seine Pension zu genießen. Doch er leidet an einer schmerzhaften Krankheit, die den Namen „Primär chronische Polyarthritis“ (PcP) trägt. Es handelt sich dabei um das „echte“ Rheuma, das den Menschen in jedem Lebensalter befallen kann. Die Krankheit äußert sich in einer schmerzhaften Entzündung verschiedener Gelenke des Körpers, die zu starken Bewegungseinschränkungen führt. Besonders betroffen sind zumeist die Fingergelenke. Dadurch werden bereits ganz einfache Handgriffe des täglichen Lebens wie das Aufdrehen eines Wasserhahnes problematisch.

Hubert war natürlich in ärztlicher Behandlung. Die Diagnose war durch verschiedene Blutbefunde bestätigt worden und es wurden Medikamente verordnet. Die Therapie bestand aus Cortison und einem Zytostatikum, einem Mittel, das man eigentlich bei Krebserkrankungen einsetzt. In den letzten Wochen hatte sich auch noch eine Entzündung am Ellbogen entwickelt, wobei man bereits zweimal erfolglos versucht hatte, diese operativ zu sanieren. Alles in allem: Hubert war in keiner beneidenswerten Verfassung.

Eines Tages kam seine Tochter zu einem meiner Vorträge. Ich sprach damals über die Möglichkeit, den Körper mit natürlichen Mitteln zu entgiften und das Bindegewebe zu reinigen. Hubert hörte von seiner Tochter über dieses Naturheilverfahren und beschloss, es neben der schulmedizinischen Behandlung zu versuchen. Er scheute auch nicht davor zurück, den dritten Operationstermin für seinen Ellbogen zu verschieben.

Nach ca. sechs Wochen stellte sich die erste Besserung ein. Die Entzündung an seinem Ellbogen heilte ohne weitere chirurgische Maßnahme ab. Zur selben Zeit wurden auch die Schmerzen in den Hand- und Fingergelenken besser. Es kam zu einer deutlichen Reduktion der schmerzhaften Steifigkeit der Gelenke am Morgen. Hubert war überrascht und erfreut. Die Sensation war jedoch perfekt, als der nächste Blutbefund erhoben wurde: Die Rheumafaktoren waren um über 60 % gesunken!

Die Geschichte von Hubert ist längst kein Einzelfall mehr. Immer mehr Menschen schildern mir ihre Erfolge, die sie durch die Entgiftung des Körpers erzielen konnten, und viele der positiven Krankheitsverläufe sind durch Laborbefunde dokumentiert.

Aktiviertes Vulkangestein

Bevor ich Ihnen eine Anleitung gebe, wie Sie Ihr Bindegewebe und somit Ihren Körper in kurzer Zeit entgiften können, gestatten Sie mir noch ein paar Zeilen zur Basis der Entgiftung, die ich allen meinen Patienten empfehle: Es handelt sich um aktiviertes Vulkangestein.

Vulkangestein ist, wie der Name schon ausdrückt, ein Stein, der durch den Ausbruch von Vulkanen entstanden ist. Stellen Sie sich einmal diese geballte Energieentladung vor, bei der Tonnen von glühender Lava in die Luft geschleudert werden. Diese Vulkanausbrüche haben zumeist vor Millionen Jahren stattgefunden und an verschiedenen Orten der Erde Gesteine mit besonderer Zusammensetzung und Struktur hinterlassen, die, gereinigt und aktiviert, zu einem hochwertigen, natürlichen Nahrungsergänzungsmittel verarbeitet werden können (Bezugsquelle siehe Seite 159).

Die Besonderheit des Vulkangesteins ist, dass die kleinen Partikel von unzähligen Hohlräumen durchzogen werden und dass sich in diesen Hohlräumen Wasser befindet. Kristallwasser, das die Ur-Information von der Entstehung des Lebens auf dieser Erde in sich birgt.

Nimmt man nun das zerkleinerte und aktivierte Vulkangestein zu sich, dann bindet es im Magen-Darmtrakt jene Giftstoffe, die über die Leber und die Gallenflüssigkeit ausgeschieden wurden. Die Giftstoffe können somit nicht mehr über die Darmwand zurück in den Körper aufgenommen werden und verlassen ihn auf natürlichem Wege. Ganz besonders bemerkenswert ist, dass sogar Schwermetalle in hohem Ausmaß aus dem Körper geleitet werden, chemische Rückstände, im Körper selbst erzeugte Gifte (Gärungsgifte, Fäulnisgifte), Gifte von Pilzen und vieles mehr.

Neben der nachweisbaren Entlastung der Leber werden der Dünn- und der Dickdarm von alten Schlacken befreit und finden zu ihrer natürlichen Peristaltik (rhythmische Darmbewegungen) zurück. Das Kristallwasser gibt jene Informationen an den Körper ab, die es seit Millionen von Jahren gespeichert hat.

Vielleicht mag es zu simpel klingen, den Körper durch regelmäßige Reinigung mit Vulkangestein gesund erhalten oder heilen zu wollen. Tatsache ist, dass es Hubert, unserem Max (Sie erinnern sich noch an den Jungen mit Morbus Hirschsprung auf Seite 93) und vielen anderen Menschen mit chronischen und teilweise als unheilbar geltenden Krankheiten nachweislich geholfen hat. Erfolge gibt es etwa bei Allergien, Asthma, Nahrungsmittelunverträglichkeiten, Neurodermitis, Morbus Crohn, Colitis ulcerosa, Rheuma, Depressionen, Schlafstörungen, Borreliose, Fibromyalgie, Zysten, Adenomen, Multipler Sklerose und vielen anderen Erkrankungen. Vulkangestein kann bei diesen zumindest als Basistherapie bzw. Begleittherapie eingesetzt werden. Durch die Reinigung des Körpers werden die natürlichen Selbstheilungskräfte aktiviert, der Darm wird wieder aufnahmefähig für Nährstoffe und die Lebensenergie kann sich frei entfalten. Mehr dazu können Sie in meinem Buch „Natürlich entgiften mit Wasser und Vulkangestein" nachlesen (siehe Literatur, Seite 158).

Ich habe für Sie daraus Ernährungsvorschläge für eine „Sieben-Tage-Entgiftungskur" entnommen, in der all das berücksichtigt ist, was in der Kombination mit Vulkangestein zum gezielten Entgiften, aber auch zum Regenerieren und zur Gewichtsreduktion wichtig ist. Sie können diese Kur wahlweise 7, 14 oder 21 Tage lange durchführen, wobei ich Ihnen empfehle, einmal mit sieben Tagen zu beginnen und die Reaktionen Ihres Körpers zu beobachten.

Wenn Sie darüber noch hinausgehen wollen, möchte ich Ihnen die LEBE- Entgiftungs- und Regenerationskur für vier Wochen ans Herz legen. Sie enthält Vulkangestein, Curcuma, kolloidales Silizium und andere ganz besondere Naturprodukte.

Die Erfahrungen, die ich mit dieser Kur machen durfte, würden ein eigenes Buch füllen. Die im Alltag einfach anwendbare Kur wirkt sowohl vorbeugend als auch bei chronischen Erkrankungen und wird darum bereits von vielen Ärzten als Basistherapie eingesetzt – mit so großen Erfolgen, wie ich sie in meiner gesamten ärztlichen Laufbahn noch nicht erlebt habe!

Das Frühstück

Der Ernährungsplan der Sieben-Tage-Kur sollte der Entgiftungsbereitschaft des Körpers am Vormittag Rechnung tragen und ein basisches Frühstück vorsehen:

Zur Auswahl stehen:

Obst und/oder Rohkost: Greifen Sie zu reifen, biologischen Früchten und Gemüsen der Saison, kauen Sie gut und genießen Sie den Geschmack – dann regen Sie automatisch den Speichelfluss an, der für eine gute Verdauung wichtig ist. Früchte und/oder Gemüse können auch mit einem Mixstab püriert und mit reinem Wasser zu einem Saft versetzt werden. Wer kälteempfindlich ist, sollte das Obst dünsten und auf Südfrüchte verzichten.

Basensuppen: Verschiedene biologische Gemüsesorten, die über und unter der Erde wachsen, zwei Stunden auf kleiner Flamme köcheln, den klaren Sud löffeln, nur (wenig) Himalayasalz verwenden, das Gemüse erst ins Wasser geben, wenn es kocht. Besonders beliebt sind: Karotten, Kartoffeln, Petersilienwurzeln, Sellerie in Kombination mit Lauch, Selleriegrün, Stangensellerie, frische Kräuter wie Petersilie und Schnittlauch. Von dieser äußerst mineralstoffreichen Suppe können Sie auch den ganzen Tag über so viel essen, wie Sie wollen.

Außerdem:
Vulkangestein: Einen Messlöffel Pulver in einem Glas Leitungswasser trinken oder zwei Kapseln zu einem Glas Leitungswasser einnehmen.
Kräutertee: Alle Kräuter und Kräuterteemischungen, insbesondere diejenigen, die ausleitend wirken und für Frühlingskuren verwendet werden, sind geeignet. Bei kälteempfindlichen Personen ist hier Vorsicht vor zu starker energetischer Abkühlung geboten. Sie trinken am besten La Pacho Tee oder Zimttee (gekochte Zimtstangen).
Reines Wasser (ohne Kohlensäure).

Das Mittagessen

Das Mittagessen wird mit kleinen Mengen Salat oder Rohkost eingeleitet (im Winter oder bei Kälteempfindlichkeit gekochte Gemüsesalate). Danach steht Gemüse auf dem Speiseplan, ergänzt durch eine kleine Getreideportion oder Kartoffeln.

Zur Auswahl stehen:
Als Vorspeise:
Basensuppe zum Anwärmen des Verdauungstraktes.
und/oder Salat: Ein bis zwei Sorten mischen: diverse Blattsalate der Saison – im Frühling auch Bärlauch, Brennnessel und Löwenzahn –, Keimlinge, Sprossen, Gemüserohkost wie Karotten, Rote Rüben, Stangensellerie, Kraut, Fenchel, Spinat, Kochsalat, Mangold usw.

Als Hauptspeise:
Kleine Getreideportion: Insbesondere Hirse, Dinkel, Buchweizen, Quinoa, Amaranth, Maisgries sind geeignet – gut würzen, z.B. mit indischen Gewürzen, statt normalem Speisesalz Himalayasalz ver-

wenden. Das Getreide gut aufquellen lassen und beim Essen gut einspeicheln.
oder kleine Kartoffelportion: Die Kartoffeln auf kleinster Flamme langsam köcheln, damit die Kartoffeln nicht Schleim bildend wirken, am besten im Dunstgarer, in einem Topf mit Gareinsatz oder im Kartoffelteufel.
Größere Gemüseportion: Das Gemüse im Dunsteinsatz dünsten (insbesondere Wurzelgemüse und alle grünen Gemüse) oder im Wok garen. Mit frischen Kräutern verschwenderisch umgehen, sie sind basisch. Petersilie wirkt sehr entgiftend. Wenig Himalayasalz statt Kochsalz verwenden.

Außerdem:
Vulkangestein: Einen Messlöffel Pulver in einem Glas Leitungswasser trinken oder zwei Kapseln zu einem Glas Leitungswasser einnehmen.
Reines Wasser (ohne Kohlensäure).

Das Abendessen

Abends ist ganz leichte Kost angesagt: Pürierte (oder bei wenig Hunger klare) Gemüsesuppen belasten die Verdauung nicht, wenn sie bis spätestens 19 h gegessen werden. So kann die nächtliche Entgiftung ungestört ablaufen. Um die wertvollen Antioxidantien zu erhalten, sollte man das Gemüse immer erst in das Suppenwasser geben, wenn dieses bereits kocht.

Zur Auswahl stehen:
Basensuppe oder pürierte Gemüsesuppe: Einzeln oder kombiniert eignen sich: Rote Beete, Wurzelgemüse, Kichererbsen, Bärlauch, Brennnessel oder Kresse (mit Hirseflocken binden), Spargeln, Brokkoli, Mangold, Spinat, Karotten (diese können stopfen, man sollte sie deshalb nicht zu oft essen und nur kurz kochen).
Pürierte Getreide-Gemüsesuppe: Neutrale Getreidesorten wie Hirse oder Buchweizen wählen.

Außerdem:
Vulkangestein: Einen Messlöffel Pulver in einem Glas Leitungswasser trinken oder zwei Kapseln zu einem Glas Leitungswasser einnehmen.
Reines Wasser (ohne Kohlensäure).

Was es sonst noch zu beachten gilt

Um die Entgiftung zu erleichtern, wird bei der Zusammenstellung der Speisen auf tierisches Eiweiß verzichtet. Zum Würzen empfehlen sich Kräuter, Gewürze, so wenig Salz wie möglich und nur Himalayasalz statt Kochsalz. Salatmarinade wird am besten aus kalt gepressten Ölen und hochwertigem Essig bzw. Zitrone zubereitet. Zum Kochen ist wenig Fett vorgesehen – kalt gepresste Öle, Ghee oder ein Stückchen Butter nachträglich dazugeben, verfeinert den Geschmack der Speisen. Vor allem Ghee (Butterschmalz aus dem Ayurveda, erhältlich im Naturkostladen) ist wunderbar, um die Verbrennung anzuregen.

Besonders hingewiesen sei auf Gelbwurz (Curcuma) als Gewürz. Es fördert den Gallenfluss und wirkt damit auf die Verdauung sehr positiv.

Wer unter Verstopfung aufgrund von zu wenig Sekretion der Verdauungssäfte leidet, sollte unbedingt mit Curcuma kuren. 3-mal einen halben Teelöffel (oder 3-mal eine Kapsel), viel Wasser nachtrinken: Das wirkt Wunder (Bezugsquelle siehe Seite 159).

Die Basensuppe kann immer schon für drei Tage vorgekocht werden.

Auch Getreide kann für jeweils zwei Tage vorgekocht werden. Man würzt es dann unterschiedlich, z.B. einmal mit Currygewürz (Gewürze immer in Butter anschwitzen und dann erst daruntermischen), einmal mit Kreuzkümmel, einmal mit Gelbwurz, einmal mit Muskat und frischen Kräutern.

Wenn es abends einmal ganz schnell gehen soll, kann man auch Hirse- oder Buchweizenflocken in der Basensuppe kurz aufkochen und statt der pürierten Gemüsesuppe essen. Damit lässt sich auch ein Mittagessen ersetzen.

Bleibt vom Mittagessen Gemüse übrig, kann man es am nächsten Tag als Roulade essen, z.B. Gemüse mit etwas gekochtem Getreide mischen, eventuell frisch gedünstete Pilze dazugeben und in ein vorgegartes Kraut-, Kohl-, Spinat- oder Mangoldblatt füllen. Sind die Blätter zu klein, werden zwei Blätter so aneinander gelegt, dass sie sich leicht überlappen, dann seitlich eingeschlagen und um die Gemüsemasse gerollt. Danach die Rouladen in ein Tuch wickeln und leicht zusammendrücken, wieder herausnehmen und eng aneinander liegend in einem Topf halb bedeckt mit Gemüsesuppe 10 Minuten köcheln. Dazu passen pürierte Tomaten, Karotten oder Lauch.

Auch Polenta lässt sich mit Gemüse füllen: Die gekochte Polentamasse auf ein gefettetes Backblech ausstreichen und kurz in den Backofen schieben. Am nächsten Tag im Ofen wärmen und heißes, gegartes Gemüse darauf verteilen. Aus der flachen Polentamasse lässt sich eine Roulade formen. Danach in Scheiben schneiden und mit Tomatensauce oder Avocadocreme servieren (Avocado mit Zitrone und einer kleinen Zwiebel pürieren, mit Pfeffer würzen).

Ohne richtige Ernährung ist Medizin nutzlos,
mit richtiger Ernährung ist Medizin unnötig.
Mag. Heide Wagner

Der gesundheitliche Wert von reinem Trinkwasser

Im Jahre 2002 wurde eine amerikanische Studie veröffentlicht, aus der klar hervorgeht, dass Menschen, die ihren Durst hauptsächlich mit reinem Wasser löschen, signifikant weniger an Herz-Kreislauferkrankungen leiden als Menschen, die hauptsächlich gesüßte Säfte, Tee oder Kaffee zu sich nehmen. Die Studie wurde an 8000 Menschen durchgeführt und die Autoren geben in der Schlussdiskussion zu, dass sie keine Erklärung für dieses Phänomen haben.

Für mich persönlich ist der positive Einfluss des Wassers auf die Gesundheit längst kein Rätsel mehr. Wie ich bereits im ersten Teil des Buches beschrieben habe, weist Wasser besondere Eigenschaften auf, die unmittelbar mit den Merkmalen des Lebendigen verbunden sind. Da unser Körper zu 60 % oder mehr aus Wasser besteht, kann sich der Konsum von reinem Wasser nur positiv auswirken. Wichtig zu erwähnen ist, dass die Autoren der Studie explizit von reinem Wasser ohne jegliche Zusätze sprechen, also auch ohne Kohlensäure.

Ich möchte Ihnen daher den einfachen und leicht durchzuführenden Ratschlag geben:

Trinken Sie mehrere Gläser frisches Wasser am Tag, am besten von der Wasserleitung. Wenn Sie Ihrem Körper zusätzlich etwas Gutes tun wollen, dann beleben Sie Ihr Trinkwasser zusätzlich. Ich persönlich empfehle dafür Geräte, die ohne Strom funktionieren und in denen das Wasser mit einer hohen Geschwindigkeit verwirbelt wird (Bezugsquelle siehe Seite 159).

Bezüglich der Trinkmenge werden oft sehr unterschiedliche Angaben gemacht. Natürlich ist diese von verschiedenen Faktoren abhängig, von Größe und Gewicht und Ihrem persönlichen Maß an körperlicher Bewegung. Als Faustregel gilt, dass man öfter am Tag einen hellen Urin haben soll, ist der Harn immer dunkel, dann können Sie davon ausgehen, dass Sie zu wenig getrunken haben.

Die positiven Eigenschaften von reinem Trinkwasser

- Wasser belebt Herz und Kreislauf.
- Wasser fördert die Blutzirkulation in den Kleinstgefäßen (Mikrozirkulation).
- Wasser stabilisiert die Körperrhythmen.
- Wasser wirkt verdauungsfördernd.
- Wasser hilft dem Körper, Giftstoffe auszuleiten.

Alles ist aus dem Wasser entsprungen,
Alles wird durch das Wasser erhalten!
Ozean gönn uns dein ewiges Walten!
Johann Wolfgang von Goethe

Bewegung

Wir leben in einer Welt der
Bewegung, rhythmischer, tanzender
und aufbauender Bewegung.
Ist diese zu Ende, ist das Leben zu Ende!
Michael Ehrenberger

Es war ein grauer Herbsttag, als man Stefan nach seinem dreiwöchigen Krankenhausaufenthalt nach Hause entließ. Seine Ärzte teilten ihm mit, dass er nicht mehr lange zu leben hätte, zu weit war der Tumor bereits fortgeschritten, er hatte sich bereits im ganzen Beckenraum ausgebreitet. Worte, die kein Arzt gerne ausspricht und kein Patient gerne hört. Stefan reagierte aber anders, als die meisten Menschen reagiert hätten. Er war sein ganzes Leben lang sportlich gewesen und fasste den Entschluss, auch in dieser Situation nicht nur einfach abzuwarten, was auf ihn zukam. So begann er mit körperlichem Training. Zuerst waren es nur Spaziergänge in frischer Luft, aber schon nach einiger Zeit traute er sich zu, ein paar hundert Meter zu laufen und verschiedene Yoga-Übungen durchzuführen. Gleichzeitig stellte er seine Ernährung radikal um.

In den nächsten Wochen ging es mit Stefan bergauf. Immer länger wurden die Strecken, die er laufen konnte, und er begann sogar wieder mit seiner Lieblingssportart, dem Ski fahren. Ende Februar des nächsten Jahres war es dann soweit. Stefan lud seine ganze Ärztemannschaft zu einer Skitour ein. Was sechs Monate zuvor niemand für möglich gehalten hätte: Stefan erreichte das Ziel in 3000 m Höhe gleichzeitig mit den Besten der Gruppe. Das war vor zehn Jahren. Heute erfreut sich Stefan, der inzwischen Yogalehrer ist, immer noch bester Gesundheit. Bei diversen Kontrolluntersuchungen konnten keine Tumorzellen mehr im Körper nachgewiesen werden.

Zugegeben, kein alltägliches Ereignis, aber ein Beispiel dafür, wie positiv sich der Mut zur Veränderung, der Wille zur Bewegung, der Glaube an sich selbst und an die Kraft der Natur auswirken können.

Spaß an Bewegung

Der Mensch wird mit einem natürlichen Drang zur Bewegung geboren. Für Kinder ist es besonders wichtig, diesem Drang auch Rechnung zu tragen. Es ist ein wesentlicher Beitrag zu ihrer Gesundheit, diesem Bedürfnis auch Raum zu geben. Kinder trainieren freiwillig viele Stunden am Tag und das beginnt schon im Bauch der Mutter. Sie trainieren aber nicht so, wie wir es als Erwachsene tun. Ihr Training wird nicht zu bestimmten Zeiten durchgeführt, es ist in ihren Alltag integriert. Kinder brauchen keine Pulsuhr, um mit der richtigen Herzfrequenz zu trainieren, und sie brauchen kein Trainingsprogramm, um ihre Kondition zu steigern - eine Kondition, die im späteren Leben kaum mehr erreicht werden kann. Woher kommt diese Fähigkeit? Kinder haben einfach Spaß an der Bewegung!

Wenn die Kinder älter werden, dann ist es - meist mit dem Schuleintritt - vorbei mit der Bewegungsfreiheit. Auch in der Freizeit werden viele Stunden des Tages sitzend vor dem Fernseher, dem Computer oder allerlei elektronischem Spielzeug verbracht. Die Kreativität des Geistes und die Beweglichkeit des Körpers gehen genauso wie der Spaß an der Bewegung langsam verloren.

Damit geht auch der Bezug zur Natur verloren, zu den Rhythmen und zur Kraft des Lebendigen. Sollte es uns nicht nachdenklich machen, dass viele junge Männer im Rahmen der Stellungsuntersuchung bereits deutliche Mängel an ihrem Bewegungsapparat zeigen? Noch bedenklicher erscheint mir jedoch die Tatsache, dass ca. 50 % der Bevölkerung an Herz-Kreislaufversagen sterben.

Viele der Herz-Kreislauferkrankungen wären sicherlich mit einer gesunden Lebensführung zu vermeiden. Dazu gehört neben einer gesunden Ernährung und ausreichenden Entspannungszeiten natürlich auch Bewegung.

Die wohltuenden Wirkungen von Bewegung

Körperliche Bewegung hat auf viele Organe des Körpers nachweislich einen positiven Einfluss. Der Herz-Kreislaufapparat wird trainiert, die Lungen werden besser durchlüftet, das Gehirn wird stärker durchblutet, die Bauchspeicheldrüse entlastet, das Immunsystem gestärkt und der gesamte Körper mit Energie geladen.

Eine der wichtigsten Voraussetzungen für die regelmäßige Bewegung ist für mich, dass sie Spaß macht. Es ist nicht unbedingt notwendig, dass wir immer Spitzenleistungen vollbringen, viel wichtiger ist es, sich regelmäßig zu bewegen und wie ein kleines Kind Freude daran zu haben. Bewegung sollte uns vor allem dazu verhelfen, dass wir mit den Problemen des Alltags leichter fertig werden und die Gesundheit bewahren.

Dabei sei vor Übertreibung gewarnt: In den letzten Jahren wurde es immer mehr zur Mode, dass auch wenig oder untrainierte Läufer an Langstreckenrennen teilnehmen. Wer schon einmal gesehen hat, wie sich Läufer mit massivem Übergewicht nach den 42 Kilometern eines Marathons über die Ziellinie quälen, der kann sicherlich erahnen, dass hier auch gesundheitliche Schäden auftreten können.

Es gibt drei wichtige körperliche Bereiche, die trainiert werden sollten:

- der Herz-Kreislaufapparat
- die Beweglichkeit der Muskulatur
- die Beweglichkeit der Wirbelsäule

... und diese Bereiche wollen wir uns in Hinblick auf die Lebensenergie einmal näher ansehen.

Das Herz-Kreislauf-Training

Der menschliche Körper wird von einem Gefäßsystem durchzogen, das ca. 40.000 Kilometer lang ist. Diese Strecke entspricht ungefähr dem Umfang der Erde. Das Zentrum dieses Systems bildet das Herz, ein Muskel, der etwa 300–350 Gramm schwer ist (bei Hochleistungssportlern bis zu 500 Gramm). Die Herzaktion des Menschen ist bereits in der achten Entwicklungswoche nachweisbar und begleitet ihn bis zu seinem Tod.

Der Herzmuskel ist ein Muskel, der nicht durch den Willen des Menschen gesteuert wird. Im Gegensatz zur Skelettmuskulatur kann er auch nicht ermüden. Das Herz, Symbol der Liebe, verfügt über erstaunliche Kräfte. Für mich als Arzt war es immer ein Rätsel, wie das Herz es schafft, annähernd fünf Liter Blut pro Minute durch das gesamte Gefäßsystem zu pumpen. Ich bin daher persönlich zur Meinung gekommen, dass hier noch eine andere Kraft mitspielt, jene Kraft, die der Medizin bislang verborgen blieb: die Lebensenergie.

Ich sehe das Herz nicht vordergründig als eine Druck-Saugpumpe, sondern vor allem als ein Rhythmus gebendes Organ. Durch diese besondere Eigenschaft ist es von besonderem Stellenwert für die Gesundheit des gesamten Menschen. Ein gesundes Herz ist rhythmisierend, kräftig und mitfühlend.

Ihr Herz besteht zu 70 % aus Wasser

Wussten Sie, dass Wasser den größten Anteil des Gewichtes Ihres Herzens ausmacht? Das Blut besteht sogar zu fast 90 % aus Wasser, wenn man das intrazelluläre Wasser mitrechnet. Wir haben ja das Wasser bereits als einen Vermittler der Lebensenergie kennen gelernt, im Herz-Kreislaufsystem kommt es seiner Aufgabe in einer besonderen Weise nach. Interessanterweise wird das Blut nicht nur einfach durch das Herz gepumpt, es wird, wie das Wasser in einem lebendigen Bach, im Herzen verwirbelt. Diese Wirbelbewegung setzt sich durch das gesamte Gefäßsystem fort und bildet einen natürlichen Sog, der wahrscheinlich der eigentliche Motor für den weiten Weg des Blutes durch den menschlichen Körper ist. Nicht zu unterschätzen ist auch die Pumpbewegung, die die Gefäße selbst durchführen bzw. das Zusammenspiel, das aus Pumpen und Sogwirkung entsteht, wobei das Herz den Rhythmus bestimmt.

Das Herz als Rhythmengeber

Ein gesundes Herz schlägt nicht im Takt, wie zum Beispiel die Uhr an Ihrem Handgelenk, sondern rhythmisch. Das bedeutet, dass sich die zeitlichen Intervalle zwischen den einzelnen Herzschlägen minimal verändern. Diese Veränderung nennt man die Herzratenvariabilität. Sie ist ein wertvolles Maß für die Gesundheit des Herz-Kreislaufapparates. Sinkt die Herzratenvariabilität, dann verändert sich der lebendige Herzrhythmus in Richtung starrem Takt. Das Herz verliert an Anpassungsfähigkeit, an spielerischer Lebendigkeit, noch bevor eine Funktionsstörung erkennbar ist.

Unter diesem Verlust leidet aber nicht nur das Herz, sondern der gesamte Körper. Denn das Herz steht in enger Verbindung mit sämtlichen Körperrhythmen. Sie können an sich selbst ein kleines Experiment durchführen. Setzen Sie sich in einen Stuhl und legen Sie drei Finger der rechten Hand auf die tastbare Arterie der linken Hand. Schließen Sie nun die Augen und atmen Sie tief ein. Sie werden bemerken, dass sich der Puls beim Einatmen beschleunigt, beim Ausatmen wieder verlangsamt. Sie haben einen lebendigen Beweis für die Anpassung des Herzschlages bekommen. Nebenbei bemerkt ist die beschriebene Stelle am Handgelenk genau jene Stelle, an der der chinesische Arzt die Pulsdiagnostik durchführt. Er erkennt anhand des Rhythmus die Verfassung jeder einzelnen Energiebahn (Meridian) und kann Rückschlüsse auf die zugeordneten Organe ziehen. Das ist wieder einmal ein Beweis dafür, wie umfassend die chinesische Medizin ist.

Aufgrund der zentralen Rolle als Rhythmengeber für den gesamten Körper ist es wichtig, Herz und Kreislauf zu trainieren. Die einzig sinnvolle Art und Weise, dies zu tun, ist ein richtig durchgeführtes Ausdauertraining. Die Möglichkeiten dafür sind Laufen, Schwimmen, Rudern oder Radfahren. Sportarten wie Skifahren oder Tennis sind hingegen nur sehr bedingt für das Herz-Kreislauftraining geeignet. Sie haben, wenn überhaupt, nur einen geringen Effekt auf Ihre Kondition.

Die acht Voraussetzungen für ein erfolgreiches Ausdauertraining

Trainieren im eigenen Leistungsbereich

Trainieren Sie in dem für Sie idealen Leistungsbereich. Für manche Menschen reicht es schon aus, schnell zu gehen, andere wiederum müssen, um effektiv zu trainieren, doch relativ schnell laufen. Beim Ausdauertraining ist es wichtig, dass Sie sich mit einer bestimmten Pulsfrequenz bewegen. Wenn die Pulsfrequenz zu hoch ist, können Sie zu wenig Sauerstoff aufnehmen und Sie laufen Gefahr, dass Ihr Körper übersäuert und gleichzeitig vermehrt Freie Radikale gebildet werden. Bewegen Sie sich zu langsam, dann ist die Pulsfrequenz nicht hoch genug und der erwünschte Trainingseffekt bleibt aus (diese Gefahr besteht beim Radfahren).

Die richtige Pulsfrequenz

Idealerweise wird ein Ausdauertraining mit dem Besuch beim Sportarzt begonnen. Man kann über einen Belastungstest, bei dem gleichzeitig der Laktatspiegel gemessen wird, den idealen, individuellen Trainingsbereich für Sie feststellen. Sie erfahren jene Pulsfrequenz, mit der Sie trainieren sollten. Außerdem kann der Mediziner eventuelle Vorschädigungen des Herzens ausschließen. Falls Sie jedoch auf diese Möglichkeiten verzichten wollen, dann gibt es eine einfache Faustregel: Bewegen Sie sich so schnell, dass Sie bewusst folgenden Atemrhythmus einhalten: einatmen – einatmen – ausatmen

– ausatmen – ausatmen. So können Sie sicher sein, dass Sie sich in einem Bereich bewegen, in dem der Körper noch genug Sauerstoff aufnehmen kann.

Einmal ist keinmal
Um einen spürbaren Effekt zu erzielen, sollten Sie regelmäßig trainieren. Wenn Sie denken, dass es genügt, einmal im Monat Bewegung zu machen, dann ist es vielleicht für Ihre Umgebung lustig, Sie in einem schönen Sportdress zu sehen, für Ihre Ausdauer jedoch ohne jegliche Bedeutung. Konsequentes Ausdauertraining sollte mindestens drei Mal in der Woche durchgeführt werden.

Das richtige Training beginnt mit Dehnungsübungen
Nehmen Sie sich ein paar Minuten Zeit und führen Sie vor dem Laufen Dehnungsübungen durch. Sie würden ja auch nicht mit Ihrem Auto Vollgas fahren, wenn der Motor noch kalt ist. Nach dem Training sollten die Muskeln zur Belohnung wieder gedehnt werden.

Die richtige Ernährung
Natürlich wäre es unsinnig, mit einem vollen Bauch zu trainieren. Nehmen Sie vor dem Training nur leichte Speisen zu sich. Gebratenes Fleisch hat eine deutlich längere Verweildauer in Ihrem Magen als zum Bespiel Obst oder Haferflocken. Durch einen vollen Magen wird Ihr Atemrhythmus gestört, dies kann zu unangenehmem Seitenstechen führen. Außerdem streiten sich Magen und Muskeln um den Sauerstoff des Blutes. Haben Sie vor, einmal länger zu trainieren, dann ist es sinnvoll, am Abend zuvor eine kohlenhydratreiche Mahlzeit zu sich zu nehmen (z.B. Nudeln oder Knödel, allerdings ohne Sauce).

Ausreichende Flüssigkeitszufuhr
Eine weitere Faustregel lautet: Wenn der Durst da ist, dann ist es schon zu spät. Sehen Sie zu, dass Ihr Flüssigkeitshaushalt in Ordnung ist. Viele Menschen leiden schon von Haus aus unter einer Dehydrierung des Körpers. Wenn nun während der Bewegung auch noch Flüssigkeit verloren wird, dann treten bald Krämpfe auf und das Training ist zu Ende. Nach der Bewegung sollte man unbedingt darauf achten, dass die verlorene Flüssigkeit wieder zugeführt wird.

Alkoholische Getränke wie zum Beispiel Bier sind dafür gänzlich ungeeignet. Ich empfehle Ihnen, reines Wasser zu trinken, eventuell mit dem Zusatz von kolloidal gelösten Mineralstoffen. Viele der angebotenen Mineralstoffdrinks sind sinnlos, da sie die Mineralien in einer metallischen Form beinhalten, in der sie nur schlecht aufgenommen werden können (siehe auch Ernährung Seite 99f.).

Die richtige Bekleidung
Der richtigen Bekleidung kommt beim Ausdauertraining eine besondere Bedeutung zu. Oft wird der Fehler gemacht, dass man sich von niedrigen Außentemperaturen verleiten lässt, zu warme Bekleidung anzuziehen. Dies führt nicht nur zu einem größeren Flüssigkeitsverlust, sondern auch zu einem Hitzestau, der sich negativ auf Ihre Leistung auswirkt. Lassen Sie sich im Sportfachhandel beraten. Besonderes Augenmerk ist auch auf den richtigen Trainingsschuh zu legen. Der gute Sportfachhandel bietet Ihnen die Möglichkeit einer Videoanalyse Ihres Laufstils. Anhand der Analyse kann man den richtigen Laufschuh auswählen, wobei nicht immer das teuerste Modell auch das Beste sein muss.

Die rhythmische Bewegung
Sie haben in diesem Buch schon viel über die Bedeutung des Rhythmus für das Leben gelesen. Auch Ausdauerbewegung sollte rhythmisch durchgeführt werden. Das bedeutet, dass Sie zum Beispiel nicht immer die gleiche Strecke oder zur gleichen Tageszeit laufen sollten, auch die Geschwindigkeit kann, in bestimmten Grenzen, variiert werden. Durch eine Rhythmisierung Ihres Trainings können Sie Ihre Leistungsfähigkeit steigern, ohne dass Sie den Trainingsumfang erhöhen müssen.

Krankheit und körperliches Training

Oft schon wurde ich gefragt, wie es sich denn mit Bewegung im Falle einer Erkrankung verhalte. Hier muss man unterscheiden, ob es sich um eine akute fieberhafte Erkrankung handelt oder um eine chronische.

Im Falle einer akuten fieberhaften Erkrankung ist natürlich eine Trainingspause erforderlich. Ich habe selber mehrmals am New York City Marathon teilgenommen. Einer der Läufe fand bei sehr warmem Wetter statt, was in New York auch im November vorkommen kann. Leider war es für drei Läufer ihr letzter Lauf. Drei junge Männer, alle noch unter dreißig Jahren, starben. Jeder von ihnen hatte eine fieberhafte Infektion „übergangen“ und unnötiger Ehrgeiz hatte sie dazu verführt, doch am Rennen teilzunehmen.

Anders verhält es sich jedoch bei chronischen Erkrankungen. Ich denke, dass Bewegung, auch Ausdauertraining, ohne Probleme in die Therapie einbezogen werden kann. Dies gilt insbesondere für Menschen, die an einer Herz-Kreislauferkrankung leiden, aber auch für Menschen, die an Krebs erkrankt sind. Natürlich sollte in beiden Fällen die Bewegung nur in Absprache mit einem Arzt durchgeführt werden, positive Ergebnisse werden sich aber wahrscheinlich einstellen.

Für Menschen, die unter Durchblutungsstörungen des Herzens leiden, bringt Bewegung den Vorteil, dass der Herzmuskel besser durchblutet wird. Es bilden sich neue Gefäße, so genannte „Kollateralgefäße“, und das Herz erhält mehr Sauerstoff. Außerdem verbessert sich die Herzratenvariabilität, das Herz wird „verjüngt“. Ich empfehle daher allen Patienten, die an einer Herzerkrankung leiden, wohlgemerkt nur in Absprache mit ihrem Arzt, zu einem maßgeschneiderten Bewegungstraining. Mir erscheint das in letzter Zeit sehr propagierte Nordic Walking in diesem Fall als eine gute Möglichkeit, das Herz zu trainieren.

Bewegung kann auch helfen, eine Diabeteserkrankung zu lindern. Ich habe schon öfter erlebt, dass Diabetiker, die bewusst das Gewicht reduziert, die Ernährung umgestellt und Ausdauertraining praktiziert haben, den Blutzucker gänzlich ohne Medikamente in den Griff bekamen. Angesichts der erschreckenden Spätfolgen des Diabetes (Amputationen, Erblindung, Nierenversagen usw.) sollte man sich solche Möglichkeiten nicht entgehen lassen.

Ganz besonders möchte ich Bewegung aber jenen Menschen ans Herz legen, die an einer Krebserkrankung leiden. Krebs wird von mir als Mangel an Lebensenergie definiert, diesem Mangel heißt es entgegenzuwirken. Kein Mensch sollte sich durch die Diagnose „Krebs“ entmutigen lassen, sondern beginnen, sein Leben in die Hand zu nehmen. Dazu gehört neben einer gesunden Ernährung und ausreichend Entspannung natürlich auch Bewegung. Diese Maßnahmen erhöhen die Lebensenergie und bringen somit das Leben wieder in einen rhythmischen Fluss.

Das Beweglichkeitstraining

Ihr Bewegungsapparat besteht aus verschiedenen Komponenten. Einerseits gibt es die passiven Strukturen, die Knochen mit den von Knorpel überzogenen Gelenksflächen, andererseits die aktiven Strukturen, die Muskeln, die über Sehnen mit den Knochen verbunden sind. Wenn wir den Fehler machen, dass wir den Bewegungsapparat zu einem „Passivapparat“ umfunktionieren, leidet nicht nur das Herz-Kreislaufsystem, sondern auch die Muskeln und vor allen Dingen die Gelenke werden in Mitleidenschaft gezogen.

Die schon angesprochene Knorpelsubstanz ist ein Gewebe, das sehr wasserreich ist, aber schlecht beziehungsweise gar nicht durchblutet. Die Knorpelzellen werden durch Diffusion der Nährstoffe aus der Gelenksflüssigkeit ernährt. Ist ein Knorpel einmal geschädigt, dann kann er kaum mehr aufgebaut werden, man nennt den eingetretenen Schaden Arthrose. Diese Abnützung kann extrem schmerzhaft sein und manchmal das Einsetzen einer Gelenksprothese notwendig machen.

Gelenksprobleme entstehen aber nicht immer in den Gelenken an sich, meistens entstehen sie durch eine verkürzte Muskulatur. Ein Muskel, der nicht gedehnt wird, neigt dazu, sich zu verkürzen. Durch diese Verkürzung wird ein verstärkter Druck auf den Gelenksknorpel aufgebaut und die Knorpelschicht am Gelenk wird reduziert. Die Arthrose beginnt. Leider beginnt damit auch ein verhängnisvoller Kreislauf. Es stellen sich, durch die Entzündung von Sehnen und Schleimbeuteln, bald die ersten Schmerzen ein, die den Menschen dazu veranlassen, eine Schonhaltung einzunehmen. Weitere Gelenksbeschwerden und eine weitere Abnützung des Knorpels sind die Folge.

Um diesen Kreislauf erst gar nicht in Gang zu setzen, rate ich Ihnen, Ihre Muskulatur regelmäßig zu dehnen, Ihre Gelenke werden es Ihnen danken.

Kleine Dehnfibel

Es würde den Rahmen dieses Buches bei weitem sprengen, wenn ich Ihnen für jede Muskelgruppe ein exaktes Dehnungsprogramm anbieten würde. So beschränke ich mich auf die wichtigsten Muskelgruppen, gebe Ihnen allerdings den gut gemeinten Rat, sich mit entsprechender Fachliteratur zu versorgen. Noch besser wäre es,

wenn Sie die entsprechenden Dehnungsübungen von einem Fachmann erklärt und vorgezeigt bekämen.

Folgende Übungen sind vor einem Ausdauertraining wichtig

Dehnung der Wadenmuskulatur
Machen Sie einen großen Schritt nach vorne und achten Sie darauf, dass die Füße parallel sind. Beugen Sie nun das vordere Bein im Kniegelenk und drücken Sie die Ferse des gestreckten hinteren Beines gegen den Boden. Nachdem Sie die Übung mit einem Bein zweimal durchgeführt haben, wechseln Sie die Position der Beine und führen die Übung noch einmal durch.

Dehnung der Oberschenkelmuskulatur - vorne
Stehen Sie mit geschlossenen Beinen, die Füße parallel, auf dem Boden. Umfassen Sie dann mit der rechten Hand den Rist des rechten Fußes und ziehen Sie die Ferse in Richtung Gesäß. Die Kniegelenke dabei auf gleicher Höhe halten und das Becken nach vorne drücken. Führen Sie die Übung mit jedem Bein zweimal durch.

Dehnung der Oberschenkelmuskulatur - hinten
Stehen Sie, mit etwa hüftbreit gegrätschten Beinen, die Füße parallel, auf dem Boden. Beugen Sie sich mit geradem Rücken und gestreckten Beinen nach vorne und unten, so dass sich die Fingerspitzen den Zehen annähern. Führen Sie diese Übung zweimal langsam durch, auf keinen Fall kräftig nach vorne federn.

Dehnung der inneren Oberschenkelmuskulatur
Die Ausgangsposition bei dieser Übung ist eine weite Grätschstellung. Bei der Durchführung der Übung wird ein Bein im Kniegelenk gebeugt und das Gewicht auf die Seite des gebeugten Beines verlagert. Das zweite Bein bleibt gestreckt, der Fuß des gestreckten Beines flach am Boden. Die Übung pro Seite zweimal durchführen.

Dehnung der Schultermuskulatur
Die Ausgangsposition ist eine leichte Grätschstellung. Einen Arm über den Kopf heben und die Hand so weit unten wie möglich zwischen die Schulterblätter legen. Mit der anderen Hand den Ellbo-

gen umfassen und vorsichtig daran ziehen. Zweimal durchführen, danach Seitenwechsel.

Dehnung der Schulter- und Brustmuskulatur
Die Arme gerade hinter den Körper strecken, die Hände fassen einander. Dann die Arme gestreckt langsam nach oben ziehen. Die Spannung 20 Sekunden halten und die Übung nach einer Pause wiederholen.

Führen Sie diese Übungen vor und nach jedem Ausdauertraining durch. Auch wenn es zu Beginn etwas in der Muskulatur zieht, werden Sie nach einiger Zeit einen deutlichen Erfolg bemerken. Noch mehr Spaß haben Sie bei den Übungen, wenn Ihnen ein Partner hilfreich zur Seite steht.

Das Wirbelsäulentraining

Haben Sie sich schon einmal Gedanken gemacht, woher die Wirbelsäule ihren Namen hat? Ich denke, es hat damit zu tun, dass sich die Lebensenergie von den Beinen kommend entlang der Wirbelkörper in einer Spiralform, die an die DNA erinnert, nach oben entwickelt. In der Ganzheitsmedizin kennt man entlang der Wirbelsäule sieben Energiezentren, die auch „Chakren“ genannt werden und mit den inneren Organen in Verbindung stehen. Jedem Chakra ist eine eigene Farbe zugeordnet. Aufsteigend lautet die Reihenfolge der Farben: Rot, Orange, Gelb, Grün, Hellblau, Indigo und Violett.

Der innere Halt

Die einzelnen Wirbelkörper sind miteinander durch Gelenke verbunden, zwischen den Wirbelkörpern befinden sich die Bandscheiben. Dabei handelt es sich um eine gallertartige, sehr wasserreiche Masse, die von einem Knorpelring umgeben ist. Die Bandscheiben fungieren zwischen den knöchernen Wirbeln als Stoßdämpfer, ohne die jeder Schritt wohl recht unangenehm wäre. Die einzelnen Wirbel bilden aneinander gereiht den Wirbelkanal, in dem sich das Rückenmark befindet, jener wichtige Datenstrang, der ununterbrochen die Funksignale des Gehirns zu den Muskeln leitet und umgekehrt Signale, die von außen kommen, in die Gehirn-Schaltzentrale schickt.

Die Wirbelsäule wird an der Rückseite von der langen geraden Rückenmuskulatur gehalten, an der Vorderseite wird sie durch die Brust- und Bauchmuskulatur gestützt. Die größte Beweglichkeit hat die Wirbelsäule im Bereich des Halses und in der Lendenregion.

Dadurch, dass die Wirbel miteinander durch Gelenke verbunden sind, kann man auch von einem einzigen Organ sprechen, dem Achsenorgan. Die Wirbelsäule ist für den Menschen von besonderer Bedeutung. Nicht nur, dass Sie dem Menschen den aufrechten Gang ermöglicht, es ist auch jeder ihrer Abschnitte über Nervenfasern mit inneren Organen verbunden. So kann sich eine Funktionsstörung von Organen an der Wirbelsäule widerspiegeln und umgekehrt.

Blockierte Lebensenergie

Eine alte medizinische Weisheit lautet: Der Mensch ist so jung wie seine Gelenke. Ich möchte dieses Sprichwort etwas abändern: Die Jugendlichkeit des Menschen spiegelt sich in der Beweglichkeit seiner Wirbelsäule. Leider nimmt die Beweglichkeit der Wirbelsäule mit dem Alter des Menschen ab, Schmerzen und Schäden nehmen dafür oft zu. Die Schmerzen sind aber oft nicht nur Ausdruck von Abnützungen und Bandscheibenschäden, sie sind auch ein Hinweis auf eine Blockade der Lebensenergie, die, wie schon erwähnt, entlang der Wirbelkörper aufsteigt.

Die Beziehung der Wirbelsäule zu den inneren Organen und zu unserem Bewusstsein unterstreicht in eindrucksvoller Weise die Wichtigkeit dieses Organs. Ich rate Ihnen daher, Ihre Wirbelsäule zu pflegen und, so gut es geht, jung zu erhalten. Dazu sind aber Übungen erforderlich, die, wenn möglich, täglich durchgeführt werden sollten.

Die besten Wirbelsäulenübungen

Für das Wirbelsäulentraining eignen sich besonders Übungen, die den traditionellen Heilmethoden aus China und Indien entnommen sind. Besonders zu erwähnen sind dabei Yoga, Tai Chi oder Qi Gong. Wer es sich etwas einfacher machen möchte, dem lege ich die „Fünf Tibeter“ ans Herz. Es handelt sich dabei um fünf einfach durchzuführende Übungen, die ich bereits mit vielen meiner Seminarteilnehmer geübt habe. Oft höre ich noch nach Jahren, dass die ehemaligen Kursteilnehmer die Fünf Tibeter zu Hause weiter prak-

tizieren, da sie einfach durchzuführen sind und nicht mehr als 15 Minuten Zeit am Tag in Anspruch nehmen.

Jede Art von Wirbelsäulengymnastik sollte in Verbindung mit einer rhythmischen, aber disziplinierten Atmung durchgeführt werden. Dies ist besonders für chronisch kranke Menschen wichtig, da eine intensive Bauchatmung eine gute Voraussetzung für eine Genesung darstellt.

LEBE-GESUNDHEITSTIPP

- Betrachten Sie Ihre Wirbelsäule als eine wichtige Säule Ihrer Gesundheit, trainieren Sie ihre Beweglichkeit jeden Tag. Versuchen Sie die geeigneten Übungen bei einem Fachmann zu erlernen.
- Verbinden Sie jede Art von Wirbelsäulengymnastik mit einer tiefen, rhythmischen Atmung.
- Führen Sie jede Art von Übung für die Wirbelsäule mit gemäßigtem Tempo und entsprechender Aufmerksamkeit durch.
- Bevor Sie sich wegen Wirbelsäulenbeschwerden schmerzstillende Spritzen geben lassen, suchen Sie zuerst einen erfahrenen Osteopathen auf. Oft sind die Beschwerden nach wenigen Sitzungen verschwunden und Sie belasten Ihren Körper nicht unnötig mit Chemie.
- Sollten Sie speziell am Morgen nach dem Schlafen unter Beschwerden in der Wirbelsäule leiden, dann lassen Sie Ihren Bettplatz auf energetische Störzonen untersuchen. Dabei hilft Ihnen ein erfahrener Rutengeher.

Move your brain

Meine Kinder wollten mich einmal mit einem Rätsel auf die Probe stellen. Lesen Sie das Rätsel und denken Sie über die Lösung nach, natürlich noch ehe Sie sie gelesen haben.

Das Rätsel lautet: Ein alter König lag im Sterben. Er hatte zwei Söhne und wollte einem von ihnen sein Reich übergeben. So rief er sie zu sich und stellte ihnen folgende Aufgabe: „Sattelt beide euer bestes Pferd und macht ein Wettrennen. Reitet, so schnell ihr

könnt. Derjenige von euch, dessen Pferd als letztes über die Ziellinie kommt, soll mein Erbe sein."

Die beiden Prinzen waren verwirrt. Ratlos gingen sie zu einem alten Mann, der als sehr weise bekannt war, und fragten ihn um Rat. Der weise Mann sagte ihnen eine Antwort, die nur aus zwei Worten bestand. Wie lautete diese?

Nun, schon zu einer Lösung gekommen? Wenn nicht, dann finden Sie die Lösung unten auf der Seite.

Gedächtnisübungen

Eine Abrundung zur körperlichen Beweglichkeit bildet eine entsprechend flexible Lebenseinstellung, von der in diesem Buch schon so viel die Rede war. Was nützt uns körperliche Fitness, wenn wir jahrelang dieselben Probleme mit uns herumtragen? Ihr Gehirn braucht, genauso wie Ihre Muskeln, Zeiten, in denen es trainiert wird, und Ruhephasen (siehe Kapitel Entspannung).

Versuchen Sie daher mit kleinen Gedächtnisübungen Ihr Gehirn jung zu erhalten. So können Sie zum Beispiel versuchen, Ihren Terminkalender im Kopf zu haben. Diese Übung ist ganz einfach: Stellen Sie sich einen wirklichen Kalender vor, mit einer Sieben-Tage-Woche, und tragen Sie Ihre Termine dort mit Datum, Uhrzeit und Ort ein. Mit einiger Übung kann es sein, dass Sie bald auf den richtigen Kalender verzichten können. Das Praktische an der Übung ist, dass Sie den Kalender im Kopf nicht irgendwo liegen lassen können.

Weitere Möglichkeiten Ihr Gehirn zu trainieren gibt es, wenn Sie vor einem Problem stehen, das Sie bisher noch nicht lösen konnten. Nehmen Sie einfach ein Blatt Papier und schreiben Sie alle Lösungen auf, die Ihnen einfallen. Versuchen Sie dabei so kreativ wie möglich zu sein, aktivieren Sie den Erfinder in Ihrem Kopf und suchen Sie sich danach die für Sie passende Lösung aus.

Da das Gehirn einen großen Anteil unseres täglichen Sauerstoffbedarfs verbraucht, wirken sich körperliche Übungen ebenfalls positiv auf die Flexibilität unserer Denkprozesse aus. Eine weitere Verbesserung wird sich einstellen, wenn Sie die Ernährungstipps anwenden, die Sie in diesem Buch finden.

Lösung des Rätsels: Tauscht Pferde.

Entspannung

Was also ist die Zeit?
Wie die Schmetterlinge in ein flammendes Feuer,
in voller Hast zum Untergang eilen;
so eilen auch die Menschen
in voller Hast hinein in deinen Rachen.
Bhagavadgita

Georg dachte sich, dass er in letzter Zeit wohl etwas zu viel gearbeitet hatte, und war froh, endlich eine Auszeit zu bekommen. Die Firma lief fantastisch. Er hatte aus dem kleinen Betrieb seines Vaters ein respektables Unternehmen gemacht und die Gewinne dieses Jahres übertrafen noch die Rekordgewinne des letzten. Er hatte viel Ehrgeiz und Einsatz gezeigt, war mehr als 200 Tage im Jahr im In- und Ausland unterwegs gewesen. Zu denken gab ihm allerdings, dass er in den letzten Monaten nur mit einer Schlaftablette hatte einschlafen können. Sein Arzt hatte ihm zwar versichert, dass es eine ganz leichte sei, dennoch wollte Georg vermeiden, davon abhängig zu werden. Vielleicht hatte er auch mit den Zigaretten und den koffeinhaltigen Energiegetränken etwas übertrieben, aber sein Vater hatte doch in seinem Leben viel mehr geraucht als er und erst letztes Jahr in bester Gesundheit den achtzigsten Geburtstag gefeiert. Bevor seine Frau ihn verließ, hatte sie Georg noch gewarnt und ihm dazu geraten, sich durchuntersuchen zu lassen. Was wohl die Kinder jetzt machen, ob es ihnen gut geht?

Georg hatte viel Zeit nachzudenken. Es sei nur ein kleiner Herzinfarkt gewesen, hatte ihm der Professor am Morgen mitgeteilt, und er könne die Intensivstation bald verlassen. Von der Straße hörte man den Lärm der Autos, ein „Georg" überholte den anderen ...

Gefährlicher Stress

Unsere Zeit ist schnell, sehr schnell, und Stress ist zu einer enormen Gefahr für unsere Gesundheit geworden. Das Wort „Stress" kommt aus dem Englischen und wurde bei Materialprüfungen eingesetzt. To „stress" bedeutet, ein Material (zum Beispiel einen Stab) so lange zu biegen, bis es bricht. Manche Menschen unterziehen sich ebenfalls über Jahre einem solchen Belastungstest.

Es gibt verschiedene Stressoren, die dem Menschen gefährlich werden können. Dazu zählen unter anderem Lärm, dauernde Erreichbarkeit, Sorge um den Arbeitsplatz, Versagensängste, Existenzangst, Perfektionismus, aber auch Elektrosmog und Genussgifte wie Zigaretten oder Alkohol. Sogar Medikamente können für den Körper einen Stressfaktor darstellen. So unterschiedlich die stressauslösenden Faktoren auch sein können, der Körper gibt immer die gleiche Antwort: Es kommt zu einer erhöhten Aktivität des Sympathikus, einem Teil des autonomen (nicht durch den Willen steuerbaren) Nervensystems. Dabei handelt es sich um eine Kampf- beziehungsweise Fluchtbereitschaft, die im ältesten Teil des Gehirns, im Stammhirn, verankert ist und den Menschen seit seiner Zeit als Jäger und Sammler als Überlebenshilfe zur Verfügung steht. Bei dieser Reaktion wird der Körper blitzartig in Alarmbereitschaft versetzt: Der Herzschlag wird beschleunigt, der Blutdruck erhöht und die Nebenniere produziert mehr Cortison – perfekt, wenn man einem Bären begegnet und entweder schnell fliehen oder kämpfen muss. Doch was früher so manchem unserer Vorfahren das Leben rettete, wird in der heutigen Zeit zur Gefahr für unsere Gesundheit. Denn heute folgt auf den Alarm weder Bewegung, noch stimmt das Maß: Zu viele Stressoren versetzen uns ungewollt in ständige Notbereitschaft, werden zum Daueralarm.

Stress macht krank

An Labortieren durchgeführte Experimente zeigten, dass Tiere, die unter Dauerstress standen, in kurzer Zeit unfruchtbar und apathisch wurden, an Gewicht verloren und schließlich starben. Besonders schlimm waren die Stressreaktionen der Tiere in Käfigen, in denen sie einem hohen Dichtestress ausgesetzt waren. Das bedeutet, dass keines der Tiere mehr genügend Freiraum für sich hatte und dadurch gesundheitlichen Schaden erlitt. Ebenfalls negativ wirkte sich die dauernde Anwesenheit eines ranghöheren Tieres aus.

Stress ruft natürlich auch beim Menschen Krankheiten hervor. Die Reaktionen können ganz unterschiedlich sein, je nachdem, ob man ein „Sympathikotoniker“ oder ein „Vagotoniker“ ist. Der Sympathikotoniker reagiert mit aggressivem Verhalten, Herzinfarkt, Bluthochdruck und temporärer Impotenz. Der Vagotoniker bildet die Probleme mehr im Magen-Darmtrakt, in der Lunge und der Blase aus. Das Immunsystem wird bei beiden Stresstypen geschwächt.

Meiner Meinung nach gibt es nur zwei Möglichkeiten, dem Stress zu begegnen:

Die Reduktion der krankmachenden Stressfaktoren
Haben Sie einmal verschiedene Stressfaktoren in Ihrem Leben erkannt, dann tun Sie gut daran, diese zumindest auf ein erträgliches Maß zu reduzieren. Handelt es sich um Genussmittel oder Schadstoffe, die den Körper zu einer unnatürlichen Reaktion veranlassen, dann ist das der erste Ansatzpunkt. Versuchen Sie Zigaretten oder Alkohol, aber auch Medikamente auf ein verträgliches Maß zu reduzieren und halten Sie Ihren Schlafplatz frei von Störfaktoren (siehe auch Seite 142 ff.).

Die Veränderung Ihrer persönlichen Reaktion auf Stress
Hier handelt es sich um eine weit schwierigere Aufgabe. Falls zum Beispiel Ihr Vorgesetzter Sie in permanenten Stress versetzt, dann sollten Sie herausfinden, was die Ursache dafür sein könnte. Repräsentiert er eine Person, mit der Sie schon früher Probleme hatten? Steht das Gefühl, nicht zu entsprechen, im Raum? Meist bedarf das einer Überprüfung der Lebenseinstellung. Vergessen Sie nicht: Sie haben die Wahl, wie Sie reagieren. Beobachten Sie Ihre Reaktion und versuchen Sie auch neue Wege zu gehen. Negative Emotionen, die vorübergehend auftreten, können zu bestimmten Veränderungen motivieren, die letztlich für den Lebensweg positiv sein können. Steckt man aber lange Zeit in negativen, Dauerstress auslösenden Emotionen, dann hat das sicher mit einer falschen Lebenseinstellung zu tun. Falsch ist es, negative Emotionen für „normal“ zu halten, denn damit wird jede positive Entwicklung verhindert. Die Anregungen habe ich Ihnen in diesem Buch schon gegeben, üben müssen Sie jedoch selbst. Auch wenn es zu Anfang etwas schwer erscheint, es ist immer noch leichter, als Ihren Chef davon zu überzeugen, dass er den Arbeitsplatz wechseln soll.

Messbare Warnsignale

Stress wird jahrelang vom Körper toleriert, ohne dass schulmedizinisch feststellbare Symptome auftreten. Die feineren Diagnosemethoden der Energiemedizin lassen uns Störungen jedoch schon frühzeitig erkennen. Wir haben bereits im Kapitel Ernährung über die

Bedeutung von Kolloiden in lebenden Systemen gesprochen. Das Blut ist ebenfalls ein Kolloid, in dem die festen Bestandteile (die roten und weißen Blutkörperchen und die Blutplättchen) frei schweben sollten. Unter Stress werden die Flüssigkeitskolloide im Körper geschädigt. Im Blut hat dies die Auswirkung, dass die Blutkörperchen aneinander haften und nicht mehr in der Lage sind, frei zu schweben. Man nennt dieses Phänomen „Geldrollenbildung", da die Gebilde wie Geldrollen aussehen. Die Folge der Geldrollenbildung ist, dass es zu einer Verkleinerung der inneren Oberfläche kommt und der Sauerstoffaustausch nicht mehr perfekt funktioniert. Mit einem speziellen Mikroskop, dem Dunkelfeldmikroskop, kann man diese Gefahren bereits im Blut erkennen und reagieren, bevor eine gröbere gesundheitliche Störung eintritt.

Rhythmusgeber und Rhythmuszehrer

Eine weitere sehr feine Diagnosemethode hat Prof. Maximilian Moser, Physiologe an der Universität Graz, entwickelt. Moser ist in der Lage, mit einem speziellen Gerät die Körperrhythmen des Menschen aufzuzeichnen, grafisch darzustellen und auszuwerten. Registriert wird dabei die Herzratenvariabilität, die ein Maß für die Gesundheit des Herzens darstellt. Aus den gewonnenen Daten lassen sich bis zu 20 weitere Daten, wie zum Beispiel der Atemrhythmus oder der Rhythmus des Blutdrucks, darstellen.

Neueste Untersuchungen konnten klar nachweisen: Schwinden die Rhythmen, dann schwindet auch die Gesundheit. Wenn die Rhythmen des Körpers verloren gehen, dann verhält sich der Körper so wie ein Orchester, dessen Mitglieder nicht mehr auf den Dirigenten achten – Chaos und Unordnung (Krankheit) sind die Folge.

Moser spricht von „Rhythmusgebern" und „Rhythmuszehrern". Nachtarbeit, ein Jetlag nach langen Flügen und jede andere Form von physischem und psychischem Stress wirken als Rhythmuszehrer und destabilisieren unsere Gesundheit. Der lebendige, verspielte Rhythmus des Lebens wird zu einem eintönigen Takt, das Leben verblasst, wie in einem Fluss, der begradigt wurde.

Als Rhythmusgeber wirken im Lebendigen bestimmte Formen der Musik, Tanz, Bewegung, Lachen, gesunde Ernährung, reines Wasser, Atemübungen und Entspannung. Ich bin der Meinung, dass mit der Rhythmenforschung und den Möglichkeiten, Rhythmen zu registrieren und zu interpretieren, ein sehr mächtiges Instrument in der Medizin geschaffen wurde. Vielleicht werden solche Techniken ja zukünftig als verpflichtende Maßnahmen eingeführt.

Biofeedback

Widmen wir uns nun der Entspannung als wichtigem Rhythmusgeber. Sie erfolgt nach bestimmten Abläufen im Körper, die normalerweise von selbst vor sich gehen, wenn die äußeren Voraussetzungen stimmen. Sie ist aber auch erlernbar. Beim Erlernen von Entspannungsübungen hilft uns die moderne Technik weiter. Man nennt diese Methode *Biofeedback*. Dabei werden an den Fingerkuppen der übenden Person Sensoren angebracht, die fortlaufend die Temperatur messen. Die Temperaturkurve wird in einer Grafik auf einem Computerbildschirm sichtbar gemacht. Gerät die betreffende Person nun in Stress, dann verengen sich die Blutgefäße und die Hauttemperatur sinkt, wird der Stress aufgelöst, steigt sie wieder.

Man lernt mit dieser Methode, mit bestimmten Situationen besser umzugehen. Biofeedback kann hilfreich sein, um Prüfungen besser zu meistern, Ängste abzulegen, sich das Rauchen abzugewöhnen oder die sportlichen Leistungen zu steigern. Ich rate Ihnen allerdings dazu, solche Methoden nur als Einstieg zu benutzen. Danach sollten Sie ohne technische Hilfsmittel vorankommen. So werden Sie unabhängig und flexibel.

Entspannen leicht gemacht

Eine der wichtigsten Körperfunktionen ist der Atem. Ohne Essen kommen Sie drei Wochen, ohne Wasser drei Tage und ohne Luft nicht einmal drei Minuten aus. Da der Atemrhythmus eine Körperfunktion ist, die sowohl autonom als auch willkürlich gesteuert werden kann, eignet er sich bestens für Entspannungsübungen. Der Atemrhythmus verbindet die Außenwelt mit der Innenwelt. Einerseits nehmen wir permanent durch die Atemluft Luftmoleküle in uns auf, andererseits reagiert der Atemrhythmus sehr sensibel auf unsere emotionale Situation. Uns bleibt manchmal sprichwörtlich vor Schreck die Luft weg und der Rhythmus wird unterbrochen. Da der Atemrhythmus jedoch zu allen anderen Körperrhythmen Bezug hat, wirkt sich dies auf den ganzen Körper aus. Üben Sie daher, Ihren Atem fließen zu lassen.

Atemübung

- Setzen Sie sich in gerader Position auf einen Stuhl und schließen Sie die Augen.
- Beobachten Sie nun Ihren Atem. Sie werden merken, dass Sie beginnen, nur durch die Beobachtung, den Atem mit Ihrem Willen zu steuern.
- Nun beginnen Sie den Atem bewusst in den Bauch zu lenken. Ihre Bauchdecke sollte sich beim Einatmen heben, beim Ausatmen senken. Zu Beginn wird Ihnen dies leichter fallen, wenn Sie eine Hand auf Ihren Bauch legen. Beim Ausatmen sollten Sie bewusst versuchen, den Schulterbereich und den Brustraum zu entspannen.
- Spüren Sie, wie sich der Körper beim Einatmen mit Energie und Vitalität füllt.
- Schon nach ein paar Minuten werden Sie beobachten, wie Ihre Hände warm werden, dies ist ein sicheres Zeichen der Entspannung.
- Führen Sie die Übung so lange durch, wie es Ihnen angenehm ist.
- Praktizieren Sie die Übung mehrmals am Tag, wann immer Sie Zeit haben, zu Hause, am Arbeitsplatz, in der Straßenbahn oder wenn Sie mit dem Auto in einem Stau stecken. Es hat sich auch bewährt, diese Übung vor einem schwierigen Gespräch oder der Lösung eines anstehenden Problems durchzuführen. Schüler könnten sie vor Schularbeiten anwenden.

Bach und Händel statt Valium

Leider greifen immer mehr Menschen in unserer hektischen Zeit vermehrt zu chemischen Entspannungshilfen. Entspannung industriell hergestellt, mit einem hohen Sucht- und Abhängigkeitspotenzial. Die Liste der Mittel ist lang, die Liste ihrer Nebenwirkungen ebenso.

Es muss aber nicht immer Valium sein. Es gibt wunderbare natürliche Möglichkeiten, über die Gestaltung der Umgebung Geist und Körper zu entspannen. Eine der Möglichkeiten ist Musik. Besonders die Werke alter Meister können uns helfen, zu unserer Mitte zu finden, da sich in ihnen die Gesetze der Natur widerspiegeln.

LEBE-GESUNDHEITSTIPP

- Versuchen Sie, die Fähigkeit der Entspannung bewusst zu erlernen, allerdings ist noch kein Meister vom Himmel gefallen, haben Sie daher Geduld.
- Erfolgreich sind Sie erst dann, wenn es Ihnen gelingt, in den Stresssituationen des Alltags ruhig zu bleiben. Leichter übt es sich zu Hause in ruhiger Atmosphäre, schwieriger ist es oft, im Alltag zu zeigen, was Sie gelernt haben.
- Entspannungsübungen helfen Ihnen:
  → Kreative Lösungen bei schwierigen Problemen zu finden
  → Konflikte friedlich zu lösen
  → Vertrauen zu schaffen
  → Ihr ganzes Potenzial auszunützen
  → Die Körperrhythmen zu stärken
  → Ihre Lebensenergie zu erhöhen
  → Die Gesundheit zu erhalten oder wieder zu erlangen

Sie werden mich fragen, woher ich meine Ideen nehme?
Sie kommen ungerufen, unmittelbar,
ich könnte sie mit den Händen greifen,
in der freien Natur, im Walde, auf Spaziergängen,
in der Stille der Nacht, am frühen Morgen,
angeregt durch Stimmungen,
die sich beim Dichter in Worte,
bei mir in Töne umsetzen, klingen, brausen,
stürmen, bis sie endlich in Noten vor mir stehen.
Ludwig van Beethoven

Streut man etwas Sand auf eine Membran, ähnlich wie auf eine Trommel, und beschallt die Membran von unten mit der Musik alter Meister, dann bilden sich nach kurzer Zeit wunderbare harmonische Strukturen aus, die sich ständig verändern. Wenn Sie Musik hören, werden die Schwingungen über die Luft auf Ihren Körper übertragen und von den Körperflüssigkeiten aufgenommen, somit reagiert Ihr Körper auf die Musik. Je mehr wir dabei bereit sind, den Verstand auszuschalten, desto intensiver wird die Wirkung sein. Besonders kleine Kinder, aber auch Tiere und sogar Pflanzen, reagieren positiv auf harmonikale Musik.

Die Wärme des Lichtes

Der Mensch reagiert aber nicht nur auf Musik positiv. Auch ein offenes Kaminfeuer kann zur Entspannung beitragen, und wenn dafür kein Platz ist, dann reicht oft schon das Licht einer großen Kerze.

Meine Frau bevorzugt nach einem langen Arbeitstag ein warmes Bad im nur von Kerzen beleuchteten Badezimmer. Dazu verwendet sie ein spezielles Duftöl einer spanischen Heilpraktikerin, das mit seinen Essenzen und ätherischen Ölen in besonderer Weise auf den Körper und das Gemüt wirkt. Wenn sie das Bad, vielleicht mit einer Tasse Melissentee begleitet, beendet hat, dann sind die Alltagssorgen oft verflogen. Gerade bei einem intensiven Alltag sind solche Rituale als Übergang in einen entspannten Abend ausgesprochen wertvoll.

Eine weitere Hilfe aus der Natur ist Licht. Falls Sie zu den Menschen gehören, deren Stimmung sich in der trüben Herbst- und Winterzeit gerne dem Grau der Natur anpasst, dann könnten Sie einmal versuchen, Ihre Umgebung mit so genannten Tageslichtlampen zu erhellen. Diese Lampen strahlen, im Gegensatz zu normalen Glühbirnen, fast das volle Spektrum des Sonnenlichtes ab. Das Licht wird besonders über die Augen, aber auch über die Haut aufgenommen und ist in der Lage, Ihre Stimmung zu heben. Viele Ärzte setzen Licht auch zur Therapie verschiedener Krankheiten ein, wobei in diesem Fall spezielle Farbfrequenzen und besondere Gläser als Filter zum Einsatz kommen.

Sie sehen also, dass es viele der Natur nachempfundene Möglichkeiten gibt, zu innerer Ruhe und Ausgeglichenheit zu kommen. Wir brauchen nicht immer Genussmittel oder chemische Hilfsmittel, oft nicht einmal finanzielle Mittel, um in unsere Mitte zu gelangen. Schon das Ausschalten des Radios kann dazu beitragen, den Alltag zu entspannen. Die stündlichen, manchmal auch halbstündlichen Nachrichten bieten Ihnen 80 % negative Nachrichten von Geschehnissen, an denen Sie nicht schuld sind und die Sie auch nicht beeinflussen können. Eine Nachrichtenpause tut daher manchmal ganz gut.

LEBE-GESUNDHEITSTIPP

- Verzichten Sie möglichst auf chemische Entspannungshilfen. Solche Mittel können keine Dauerlösung sein und schaden mehr, als sie nützen.
- Die Werke großer Künstler (Dichter, Musiker, Maler) zeigen den Bezug dieser Menschen zur Natur. Setzen Sie diese Werke bewusst in Ihrem Wohnraum und an Ihrem Arbeitsplatz zum Wohle Ihrer Gesundheit ein.
- Farben, Licht und Formen sind ebenfalls Informationen, die Ihr Körper verarbeitet. Vermeiden Sie daher Eintönigkeit (z.B. ausschließlich schwarze Bekleidung) und gestatten Sie der Natur, in Ihr Leben Einzug zu halten.

Jungbrunnen Schlaf

Alois ist Frührentner. Der Grund dafür ist, dass er seit Jahren nicht mehr als eine Stunde pro Nacht schlafen kann. Dabei hat er alles Erdenkliche ausprobiert, um seinen Schlaf zu verbessern. Er zog sogar in ein Holzhaus ohne jegliche Störquellen und schlief auf einem ausgetesteten Schlafplatz. Auch keines der vielen Schlafmittel brachte den gewünschten Erfolg. Eines Tages sprach er am Telefon mit meiner Frau über seine Probleme und erhielt von ihr einige Kapseln einer speziellen chinesischen Kräutermischung zum Ausprobieren. Alois befolgte den Rat und das Wunder trat bereits am ersten Abend ein. Er wurde zwar nicht zum Siebenschläfer, aber er brachte es immerhin auf 5–6 Stunden pro Nacht. Welch eine Erlösung!

Wohin gehen wir, wenn wir schlafen?

Der Schlaf ist unsere wichtigste Regenerationszeit und macht einen wesentlichen Teil unseres Lebens aus. Immerhin verbringen wir ca. ein Viertel bis ein Drittel unseres Lebens schlafend. Kinder haben ein höheres Schlafbedürfnis als der erwachsene Mensch, sie verbringen die Hälfte des Tag-Nachtzyklus oder noch mehr im Schlafzustand. Erwachsene schlafen zwischen sechs und zehn Stunden.

Was passiert aber mit dem Bewusstsein des Menschen während des Schlafes? Wohin gehen wir, wenn wir schlafen? Sind Träume Botschaften aus dem Unterbewusstsein und hat der Schlaf etwas mit unserer Gesundheit zu tun? Fragen, die die medizinische Wissenschaft, so wie viele andere wichtige Fragen, noch nicht restlos beantworten kann.

Eine gesicherte Tatsache ist, dass der Schlaf umso erholsamer ist, je mehr und tiefere REM-Phasen wir während der Nacht durchmachen. Die Abkürzung REM leitet sich aus der englischen Bezeichnung „rapid eye movement" ab. Dies bedeutet, dass man während dieser Schlafphase mit Spezialgeräten sehr schnelle Augenbewegungen registrieren kann. Gleichzeitig sind diese wichtigen Phasen von intensiven Träumen begleitet. Man hat in verschiedenen Versuchsreihen freiwillige Probanden gezielt während dieser REM-Phasen immer wieder aufgeweckt. Keine der Versuchspersonen war in der Lage, diese Tortur länger als eine Woche auszuhalten, danach war die Kraft zu Ende, verschiedene psychische Probleme stellten sich ein und die Versuche mussten abgebrochen werden. Als erwiesen kann also gelten, dass der Schlaf und die Träume für den Menschen eine wertvolle Möglichkeit darstellen, den Stress des Alltages sowie bewusste und unbewusste Probleme zu bewältigen und die Gesundheit zu bewahren.

Man kann den Schlaf ohne Übertreibung als eine Art Jungbrunnen bezeichnen. Wenn wir krank sind, haben wir ein erhöhtes Schlafbedürfnis. Aufmerksame Eltern bemerken bei ihren Kindern bereits einige Zeit vor dem Ausbruch einer Erkrankung an einer Abgeschlagenheit, dass „etwas nicht stimmt". Der Schlaf ist die Phase, in der die Rhythmen des menschlichen Körpers reguliert werden und sich erholen können. Die Medizin spricht von einer harmonischen „Schlafarchitektur" des Menschen. Wenn diese verloren geht, ist die Gesundheit in Gefahr.

Wenn wir auch erst sehr wenig über das Phänomen Schlaf wissen, gesichert ist, dass wir unsere Schlafqualität unterstützen können. Ich möchte Ihnen dringend ans Herz legen, Ihre Schlafqualität so gut wie möglich zu gestalten. Die folgenden Maßnahmen helfen Ihnen, die Gesundheit zu erhalten.

Schlaf und elektromagnetische Signale

Es steht heutzutage außer Frage, dass elektromagnetische Signale einen Einfluss auf den menschlichen Körper haben. Diese Signale werden von Geräten wie Handys, Schnurlostelefonen, Fernsehern im Standby-Betrieb, Radioweckern, Computern und verschiedenen Sendern abgegeben und stören die Rhythmen des Körpers. Diese Flut an Signalen hat in Ihrem Schlafzimmer nichts verloren! Ich rate Ihnen daher, die elektrischen Strahlungsquellen weitgehend zu minimieren. Oft genügen schon einfache Maßnahmen, wie eine Elektrofreischaltung im Schlafzimmer oder zumindest das Ausstecken sämtlicher stromführender Geräte, um Ihren Schlaf von einem Tag auf den anderen zu verbessern. Sie können auch die Belastung in Ihrem Schlafzimmer durch geschulte Fachleute mit hochsensiblen Geräten messen lassen.

Schlaf und Temperatur

Ich rate Ihnen, die Temperatur in Ihrem Schlafzimmer niedrig zu halten und für viel Sauerstoff zu sorgen. Es ist ein Märchen, dass wir uns bei tiefen Temperaturen „verkühlen". Lebewesen „tanken" in der Kühle Energie. Ich halte daher auch Wasserbetten und Heizdecken für einen vollkommenen Unsinn. Der Körper reguliert mit einer Decke aus natürlichem Material seinen Wärmehaushalt von allein und braucht keine technischen Hilfen.

Federbetten sollten, wenn überhaupt, nur über einer saugfähigen Decke verwendet werden. Denn Federn nehmen den Schweiß nicht auf, sonst würden Enten im Wasser untergehen. Man liegt also im feuchten Bett, und das ist weder angenehm noch gesund.

Schlaf und Wasseradern

Ich habe drei Jahre lang als Arzt das Europäische Zentrum für Umweltmedizin in St. Pölten geleitet. In dieser Zeit ist es meinen Kollegen und mir gelungen nachzuweisen, dass Wasseradern, die sich unter der Schlafstelle eines Menschen befinden, eindeutig negative Auswirkungen auf dessen Gesundheit haben. Leider gelang es bisher noch nicht, den Mechanismus dahinter aufzuklären, aber es ist ein Faktum, dass über 90 % jener Menschen, die an einer bösartigen Erkrankung (Krebs) leiden, auf einer durch natürliche Störzonen beeinträchtigten Stelle schlafen. In der Natur erkennt man solche Zonen daran, dass Bäume einen unnatürlichen und verdrehten Wuchs aufweisen.

LEBE-GESUNDHEITSTIPP

- Ein ruhiger und erholsamer Schlaf schafft eine wertvolle Basis für Ihre Gesundheit. Schlaflosigkeit hat immer eine Ursache, die gefunden werden muss.
- Befreien Sie Ihr Schlafzimmer von allen elektronischen Geräten, ideal ist eine Netzfreischaltung.
- Lassen Sie von Zeit zu Zeit Ihre Bettstelle durch einen erfahrenen Rutengeher untersuchen. Sollte eine Belastung festgestellt werden, dann verlegen Sie Ihren Schlafplatz. Es gibt keinerlei technische Möglichkeit, die „Strahlen“ von Wasseradern abzuschirmen.
- Zwischen den Räumen, in denen Sie sich tagsüber aufhalten, und Ihren Schlafräumen sollte eine Temperaturdifferenz bestehen. In der Kühle tanken Sie Kraft.
- „Spezialtipp“ für einen gesunden Schlaf: Schließen Sie den Tag bewusst positiv ab. Halten Sie, auch wenn es nur für fünf Minuten ist, Rückschau und versöhnen Sie sich mit dem, was Sie erlebt haben und mit wem Sie es erlebt haben.

Kraft aus der Stille

„Dies ist die Stille“. Die Stille bleibt also reines Erleben, sie wurde nicht bezeichnet und gedacht, wie es sofort der Fall ist, wenn sich der Verstand einmischt und in dem neuen Erlebnis alte Erlebnisse ähnlicher Art wieder erkennt und bestätigt findet. Weil es keine Bezeichnung gab, war das Denken ausgeschaltet. Es fehlte das Wort, das das Denken als Handhabe braucht, deshalb war der Verstand nicht in der Lage, sich der Stille zu bemächtigen und darüber nachzudenken.

Krishnamurti, Ideal und Wirklichkeit

Unser Geist ist kaum mehr in der Lage ruhig zu werden. Zu stark und verlockend sind die Ablenkungen aus der Vergangenheit, der Gegenwart und der Zukunft. Über 10.000 Gedanken denkt der Mensch angeblich täglich, manche dauern etwas länger, andere nur Bruchteile von Sekunden. Radio, Fernsehen und andere Medien bringen uns die neuesten Nachrichten auch aus den entferntesten

Ländern der Erde direkt in unsere Wohnzimmer, die meisten von ihnen lösen Ängste oder andere negative Emotionen aus, die den Geist erneut nicht zur Ruhe kommen lassen.

Wir nehmen die Außenwelt so wichtig, dass uns keine Zeit mehr bleibt, einfach nur zu sein, ohne Verlangen und ohne Bewertung oder Verurteilung des Gesehenen oder Gehörten.

In einer Zeit, in der Energie aus der Dose konsumiert wird, ist nur mehr wenig Raum für die Stille geblieben. Jene werden als stark erachtet, die am lautesten sind, bescheidene und ruhige Menschen fallen hingegen kaum auf.

So verschließen wir uns der größten Kraftquelle, die uns zu Verfügung steht, der Stille. Stille ist dabei nicht zu verstehen als Stillstand, sondern ist Ausdruck der permanenten, harmonischen Bewegung der Lebensenergie, jener Energiequelle, die uns immer und überallhin begleitet. Stille bedeutet auch nicht, nur passiv zu sein und sich treiben zu lassen, sie ist viel mehr eine besondere Art von Aufmerksamkeit, in der sich die Energie des Herzens mit der Energie des Verstandes verbindet. Menschen, denen es gelingt, still zu werden, sind frei von den Enttäuschungen und Kränkungen der Vergangenheit und den in die Zukunft gerichteten Ängsten.

Ein beeindruckendes Beispiel dafür, wie viel Kraft man aus der Ruhe schöpfen kann, geben uns die Mönche des Shaolin-Klosters. Durch ihre Meditationsübungen sammeln sie so viel Kraft, dass sie scheinbar mühelos die schwierigsten Übungen ohne Verletzungen überstehen können. Herbert Fechter, der die Mönche nach Österreich gebracht hat, wurde einmal in einem Interview gefragt, ob er denn, wenn er in China sei, mit den Mönchen leben würde. Fechter antwortete darauf, dass dies für einen Europäer nicht möglich sei. Die Mönche leisteten jeden Tag schwerste Arbeit, würden maximal vier oder fünf Stunden pro Nacht auf einer Steinliege schlafen und nur wenig Nahrung zu sich nehmen.

In sich ruhen

Natürlich möchte ich Sie nicht dazu animieren, das Leben eines Mönches zu führen und Ihre Stärke dadurch zu zeigen, dass Sie Steinplatten auf Ihrem Kopf zertrümmern. Aber, Hand aufs Herz, tut es nicht gut, sich ab und zu in der Nähe eines Menschen aufzuhalten, der in sich ruht, der durch seinen Gesichtsausdruck und seine Haltung Ruhe und Stärke ausstrahlt? Ein Mensch, der in der Lage ist, auch in schwierigen Situationen einen klaren Kopf zu bewahren und bei dem man sicher sein kann, in den nächsten Minuten keine Panikattacke und keinen Wutausbruch zu erleben? So ein Mensch wird Sie sicherlich tief beeindrucken und eine gewisse Anziehung auf Sie ausüben.

Auch in Ihnen steckt diese Kraft.

Stille ist nicht nur voller Kraft, so wie das Vakuum voller harmonischer, rhythmischer Energie ist, sie ist auch ansteckend. Es wurde einmal ein Versuch durchgeführt, bei dem man einen meditierenden Menschen in die Mitte einer Gruppe von Versuchspersonen setzte. Die Versuchspersonen hatten noch nie in ihrem Leben meditiert oder eine andere Entspannungsübung durchgeführt. Man registrierte die Gehirnwellen der Teilnehmer und es zeigte sich bei fast allen, dass sie nur durch die Anwesenheit eines in sich ruhenden Menschen in einen Alphazustand kamen. So bezeichnet man einen Zustand der wirklichen inneren Ruhe, wobei die betreffende Person nicht schläft.

Heilende Stille

Stille ist aber nicht nur kraftvoll, sie heilt auch. Durch die Einkehr der Ruhe in unseren Geist kann sich die Harmonie des Lebendigen ausbreiten und es kommt zu einer Wiederherstellung der Gesundheit. Auch die Anwesenheit eines liebevollen Menschen kann sich positiv auswirken. Dieser Mensch braucht dann gar nichts Spezielles zu tun, er heilt auch nicht, selbst wenn das den Anschein hat – das macht vielmehr die Natur: Sobald wir bereit sind, in Resonanz zu gehen, wird sich in uns etwas zum Positiven verändern. Wenn Sie einen solchen Menschen finden, dann vertrauen Sie sich ihm an wie ein Kind, das seiner Mutter vertraut, die es liebevoll in den Schlaf wiegt.

Ich habe Heilungen dieser Art erlebt und kann Ihnen versichern, dass es solche zwischenmenschlichen Begebenheiten gibt. Zweifel kommen allerdings in mir auf, wenn ich höre, dass man „heilen“ in einem Wochenendkurs lernen kann, oder wenn mit Angst gearbeitet wird („Wenn Sie nicht das und das tun, wird das und das geschehen“). Hier wurden die Gesetze des Lebens sicher noch nicht verstanden und es ist Zeit, dass anstelle dieses Unfugs mehr Verständnis für das Wirken der Lebenskraft entwickelt wird.

Übung zur Stille

Obwohl „Stille“ nicht geübt werden kann, möchte ich Ihnen doch Anregungen geben, um Ihren Geist in diesen Zustand zu bringen.

- Suchen Sie sich einen ruhigen Ort in der Natur. Dieser Ort sollte nicht gestört sein durch Geräusche, die von Menschen verursacht werden. Schließen Sie die Augen und nehmen Sie wahr, was Sie hören, riechen oder fühlen. Es kann das Krähen eines Hahnes aus der Ferne sein, das Summen einer Biene ganz in Ihrer Nähe oder der Duft einer Blume. Nehmen Sie aber nur wahr, bleiben Sie nicht bei dem Eindruck hängen, lassen Sie Ihren Geist mit dem Rhythmus der Natur weiterziehen.
- Wenn Sie der Meinung sind, dass Sie in der freien Natur genug geübt haben, um diese wirklich schwere Übung zu beherrschen, dann ist es Zeit, sich in die Nähe von Menschen zu begeben. Sie können die gleiche Übung in einem Stadtpark, in der Nähe eines Kinderspielplatzes, in einem Hallenbad oder in einer überfüllten U-Bahn ausprobieren. Wichtig dabei ist, dass Ihr Geist nicht „hängen bleibt“ wie eine Schallplatte. Dies ist der Fall, wenn Sie die Eindrücke rund um Sie zu bewerten beginnen. Versuchen Sie, die innere Ruhe und Ausgeglichenheit zu bewahren. Falls Ihr Bewusstsein doch gefangen wird und sich nicht befreien kann, dann versuchen Sie zu ergründen, warum dies so ist.

Zweck dieser Übungen ist es, die Wahrnehmung der Umgebung nicht mehr mit unseren Erinnerungen zu verknüpfen. Dadurch geben wir unserem Bewusstsein eine Chance, frei zu werden von der Last der Vergangenheit und neue Wege zu gehen, losgelöst von den alten Konditionierungen. Falls Sie nicht sofort den erwünschten Erfolg erzielen, dann verzweifeln Sie nicht. Es kann Jahre dauern, bis die Stille sich anhaltend einstellt.

Wer mit dem Leben tanzt

Und die Seele unbewacht will in freien Flügen schweben,
um im Zauberkreis der Nacht tief und tausendfach zu leben.
Hermann Hesse

Vor mehr als 40 Jahren wurde ein sehr interessantes Experiment durchgeführt. Eine Forschergruppe begann, Affen das Malen beizubringen. Schimpansen erhielten die dafür notwendige Ausrüstung – Leinwände, Pinsel und Farben – und los ging es. Die Affen meisterten ihre Aufgaben sensationell. Die Bilder erinnerten entfernt an abstrakten Expressionismus und die Tiere hatten solchen Spaß bei der Sache, dass sie sich vergleichsweise wenig für Nahrung, Sexualität oder Spiele interessierten. Sie verhielten sich wie kleine Kinder, die im Spiel Raum und Zeit vergessen.

Nun begannen die Forscher mit einem neuen Experiment. Die Affen wurden diesmal für ihre Bilder belohnt. Sehr bald stellte sich ein verändertes Verhalten ein. Die Affen malten nicht mehr aus der Freude am Malen heraus, sie führten vielmehr „Auftragsarbeiten" durch. Das Ziel ihrer Tätigkeit war nun nicht mehr das Schaffen neuer Bilder, sondern die Belohnungen zu erhalten. Das ging so weit, dass die Affen nur mehr ein Minimum malten und sich bemühten, dass die Bilder den Forschern auch gefielen (durch häufiges Verwenden einer bestimmten Farbe, die mit mehr Belohnung honoriert wurde).

LEBE-GESUNDHEITSTIPP

- Stille ist einer der größten Kraftspender und einer der größten Ratgeber in Ihrem Leben.
- Stille ist mehr als Entspannung, sie ist die Achtsamkeit des Geistes.
- Entspannung kann man trainieren, Stille nicht. Sie kommt ohne die Last der Erinnerung.
- Dort, wo Stille lebt, gibt es keine Angst, keine Trauer und keinen Hass.
- Stille heilt.

Das ist das Herrliche an jeder Freude, dass sie unverdient kommt und niemals käuflich ist; sie ist frei und ein Gottesgeschenk für jedermann, wie der wehende Duft der Lindenblüte.

Hermann Hesse, Bilderbuch VI

Was war passiert? Die Forscher hatten in den kreativen Prozess des Schaffens von Bildern regulierend eingegriffen, sie hatten durch die Belohnungen begonnen, die Arbeit der Tiere zu lenken. Die Affen hatten gelernt, zwischen gut (viel Belohnung) und schlecht (wenig oder keine Belohnung) zu unterscheiden, ihre Kreativität war blockiert.

Konditionierte Kreativität

Ein ähnliches Phänomen können Sie bei unseren Kindern beobachten. Kinder sind nicht nur zu außergewöhnlichen körperlichen Leistungen im Stande, sondern auch zu herausragenden kreativen Schöpfungen, solange wir nicht in ihren Schaffensdrang eingreifen. Sobald das Kind lernt zwischen gut und schlecht zu unterscheiden, versucht es die in Aussicht gestellte Belohnung zu bekommen, schränkt damit seine Kreativität massiv ein und wird lenkbar.

Mit zunehmendem Alter werden die Einschränkungen verstärkt. Zuerst sind die Belohnungen Sternchen, dann Noten, in Folge gute Jobaussichten, eine steile Karriere und eine entsprechende finanzielle Entlohnung. Besonders im wissenschaftlichen Bereich greift dieses System perfekt, geforscht wird im Auftrag der Industrie, man schaut weder nach links noch nach rechts.

Welch kreatives Potenzial mag wohl in jenen 400.000 Wissenschaftlern vorhanden sein, die für die Rüstungsindustrie arbeiten?

Wir entwickeln uns von Kindheit an in eine bestimmte Matrix, die uns vorgegeben wird. Konditioniert durch diverse Belohnungen lernen wir dem (erfundenen) Sinn des Unsinns zu gehorchen.

Besonders erfolgreich wird diese Matrix oder unnatürliche Ordnung in unserem Gesundheitssystem angewendet. Das System wird durch Ihre Beitragszahlungen aufrechterhalten, Sie haben jedoch keinen Einfluss darauf, welche Therapien vergütet werden. Ich könnte Ihnen viele Fälle aufzählen, bei denen alternative Therapien zu dauerhafter Ausheilung von diversen Krankheiten geführt haben, die (vergleichsweise geringen) Kosten jedoch von offizieller Seite nicht übernommen wurden. Die Begründung war, dass die angewandten Methoden nicht anerkannt sind. Sinn oder Unsinn - entscheiden Sie selbst.

Neben den wissenschaftlichen Denkgrenzen wurden uns auch im religiösen Gedankengut Spielregeln vorgesetzt, die einzig und allein dazu dienen, Systeme zu erhalten. Allerdings lockt uns hier eine besondere Belohnung, ein Jackpot, der erst nach dem Tod ausgeschüttet wird: die Weiterreise auf Wolke sieben.

Die freie Entfaltung des Menschen

Was in der Wissenschaft und der Religion gelungen ist, nämlich die Kreativität aus den Herzen der Menschen zu verbannen, gelingt nicht einmal annähernd so gut in der Kunst. In diesem Bereich unseres globalen Gedankengutes gibt es noch einen gewissen Rest an Freiheit. Kreativität, Neuschaffung noch nie dagewesener Formen und neue Denkansätze sind heutzutage eine globale und individuelle Notwendigkeit. Das Universum selbst ist das beste Vorbild für uns. Wir können über riesige Teleskope Geburt und Tod von Sternen beobachten und so Einsicht in die Gesetzmäßigkeiten des Lebendigen erhalten.

> *Wenn die Gesellschaft ohne Belohnungen und Strafen auszukommen versuchte, ob in der Familie, im Klassenzimmer, am Arbeitsplatz oder in größeren Kontexten, dann ginge sie, so meint man in der Regel, das Risiko ein, in völliger Zerrüttung und Chaos zu versinken. Ungeachtet dessen ist die Kreativität ein Hauptbedürfnis jedes Menschen und die Blockierung dieser Kreativität droht die Zivilisation letztendlich zu zerstören.*
>
> David Bohm, F. David Peat, Das neue Weltbild

David Bohm war kein Psychologe oder Soziologe, er war ein Physiker ersten Ranges und langjähriger Mitarbeiter von Albert Einstein und Robert Oppenheimer. Bohm erkannte in unserer Welt die Existenz einer impliziten Ordnung, die zur Entfaltung drängt. Sie drängt genauso zur Entfaltung wie die Anlagen im Samen einer Blume, die zur richtigen Zeit, am richtigen Ort in der Lage ist Beton zu sprengen.

Wenn wir, zumeist unbewusst, durch antrainierte und konditionierte Verhaltensmuster (Belohnung – Strafe) versuchen, die in uns wohnende Kreativität zu unterdrücken, dann führt dies unweigerlich zu Spannungen. Diese Spannungen entwickeln sich zwischen den in uns ruhenden, noch nicht entfalteten Anlagen und jener Person, die wir in der Suche nach Anerkennung zu sein versuchen. Die inneren Anlagen drängen weiter zur Entfaltung, die Spannungen nehmen zu und können sich in Folge als Aggression oder Depression (lat. depressio = von Druck befreien) entladen. Beide Varianten kann man nicht unbedingt als harmonisch oder erstrebenswert bezeichnen.

Wer mit dem Leben tanzt, läuft viel weniger Gefahr, in solche Gemütszustände zu geraten. Sehen Sie das Leben als ein harmonisches Spiel, dessen einzige Spielregel es ist, Ihre besonderen Fähigkeiten zu leben. Verhalten Sie sich nicht so wie jener Adler, der nie versucht hat zu fliegen, weil sein Ei von einer Henne ausgebrütet worden war und er deshalb dachte, er wäre ein Huhn.

LEBE!

Zu *leben* bedeutet, sich zu entfalten und dadurch zu verändern. Es gibt jedoch keine stabile Veränderung ohne eine grundlegende Ordnung. Aus *einer* bestimmten Raupe kann nur *ein* bestimmter Schmetterling hervorgehen, diese Kraft zur Verwandlung ist in der Raupe implizit (verborgen) vorhanden. Sie entspricht der Kreativität, von der ich spreche. Leben Sie das Potenzial, das in Ihnen vorhanden ist. Ein starker Ackergaul wird auf der Pferderennbahn eine schlechte Figur machen und ein Rennpferd lässt sich nicht vor den Pflug spannen. Wenn jedoch jeder der beiden seine Aufgabe übernimmt und ernst nimmt, dann entsteht daraus eine Situation, in der beide gewinnen.

Diese Worte sind nicht nur so einfach hingeschrieben. Prof. Dr. Grossarth-Maticek, ein ganzheitlich denkender Arzt, hat ein Kurzzeit-Autonomie-Training entwickelt, das statistisch eine enorme Besserung der Heilungsquoten bei Tumor-Patienten nachweisen kann. Die Fragestellungen des Arztes an die Patienten sind simpel, die Erfolge und die Pressestimmen überzeugend:

„(...) Erstmals“, schrieb der „Spiegel“ in seiner Online-Ausgabe am 23. Juni 2000, „ist es nun wissenschaftlich bewiesen, dass eigenverantwortliche Menschen, die vom Staat nicht viel erwarten, länger, gesünder und glücklicher leben. Wer sich auf den Weg wagt, wird belohnt (...)“ Auch die „Neue Zürcher Zeitung“, so der „Spiegel“, halte die Studie von Prof. Grossarth-Maticek für „methodisch bahnbrechend“: Von einer „Pionierleistung“ schwärmte auch das Fachblatt „Der Kassenarzt“. Für den renommierten deutschen Hirnforscher Hans-Jürgen Eysenick, so der „Spiegel“ weiter, „der bis zu seinem Tod im vergangenen Jahr an der University von London lehrte, bewegen sich Grossarths-Maticeks Studien auf ‚höchstem internationalem Niveau‘, sie seien ‚bahnbrechend und ihrer Zeit voraus‘.“

Der „Spiegel“ zitiert noch weitere lobende Stimmen, etwa Professor Rainer Frentzel-Beyme vom Bremer Institut für Präventivforschnung oder Peter Schmidt vom Mannheimer Zentrum für Umfragen, Methoden und Analysen (ZUMA), der Grossarth-Maticeks Arbeit als „sehr innovativ und zukunftsweisend“ bewertet.

Einfache, aber zentrale Fragen

Was sind die bahnbrechenden und zugleich simplen Fragen, die Grossarth-Maticek den an Krebs erkrankten Menschen im Rahmen einer psychologischen Kurzzeitintervention stellt?

Auf einen Nenner gebracht: „Wann und warum hast du die Verantwortung für dein Leben abgegeben, bist du bereit, sie zurückzugewinnen, und was kannst du dir vorstellen, dafür aufzugeben?“

Grossarth-Maticek hat mit Menschen gearbeitet, in deren Situation es für diese Fragen manchmal schon zu spät schien, trotzdem sind noch viele gesund geworden. Die Kraft, die aus dieser Beschäftigung mit den grundlegenden Fragen des Lebens ausgeht, ist offenkundig. Sollte man sich nicht schon viel früher, vor einer möglichen Erkrankung, damit befassen?

Ich denke, es macht Sinn, sich diese Fragen rechtzeitig zu stellen. Genau so wie es Sinn macht, ein Kind aus einem Albtraum wachzurütteln, um ihm die Möglichkeit zu geben, danach friedlich weiterzuschlafen. Vielleicht weint das Kind kurz und ist verwirrt, nachher aber geht es ihm besser.

Die Einheit des Seins

Ent-Spannung bedeutet für mich nicht nur, Meditation oder andere Übungen zu praktizieren. Sie bedeutet für mich auch aufzuwachen und mir meiner wahren Person bewusst zu werden, das Spannungsverhältnis zwischen dem zeitlosen Selbst und dem zeitbezogenen Ego aufzulösen. Ich verstehe unter Entspannung, das Leben zu einem Tanz aufzufordern und mich auffordern zu lassen, mich in Harmonie und Ordnung zu bewegen.

Vergessen Sie nie: Energie, Bewusstsein und Ihr Körper bilden eine Einheit, dafür gibt es wissenschaftliche Beweise. Die Energie folgt Ihrem Bewusstsein und formt Ihren Körper. Lassen Sie die Helden nicht nur auf der Kinoleinwand vor sich aufmarschieren, werden Sie selbst zum Helden, tanzen Sie mit dem Leben, auch wenn die Ziele zu Beginn bescheiden sind. Sie müssen nicht sofort die Welt retten, es kann auch Ihre Ehe, das Glück Ihrer Kinder oder Ihre persönliche Gesundheit sein.

Das kreative Tagebuch

Ein Tagebuch kann ein sehr persönliches und kraftvolles Werkzeug sein, um zu Ihrem Selbst zu finden. Einem Tagebuch können Sie alles anvertrauen, was Ihnen am Herzen liegt, auch alle Ideen Ihres Herzens, so ausgefallen diese auch sein mögen. Wenn Sie damit beginnen, ausgefallene Wünsche oder plötzliche Erkenntnisse niederzuschreiben, dann haben Sie den ersten Schritt zu einem möglichen realen Erscheinungsbild bereits getan.

Pflegen Sie dieses Tagebuch und hüten Sie es wie einen besonderen Schatz. Es hilft Ihnen dabei, die eigene, innere Entwicklung zu überprüfen, und es sollte kein Mensch die Möglichkeit haben, ohne Ihre Erlaubnis darin zu lesen.

LEBE-GESUNDHEITSTIPP

- Werden Sie sich Ihrer Konditionierungen, geschaffen durch Belohnung und Bestrafung, bewusst. Behalten Sie, was gut für Sie ist, und verwerfen Sie, was Sie nicht brauchen können.
- Versuchen Sie öfter am Tag kreativ und spontan zu sein. Sie können einen Witz erfinden, den Nachbarn umarmen oder Ihre Telefonrechnung rechtzeitig bezahlen.
- Gewohnheiten können Ihnen zu Entspannung verhelfen, Sie können Sie aber auch blockieren.
- Glauben Sie nicht – prüfen Sie. Beginnen Sie bei den Inhalten des Buches, das Sie in Ihren Händen halten.
- Erfinden Sie nicht die Welt neu, sondern sich selbst.
- Fordern Sie das Leben zum Tanz auf uns lassen Sie sich auffordern.

Schlussgedanken

Es war windstill, warm und sonnig, als der junge Mann an jene besondere Stelle seiner Kindheit zurückkehrte, an der er so oft glücklich gewesen war. Lange hatte er schon seinen Freund, den Bach, nicht mehr gesehen.

Friedlich plätschernd, freundlich lachend und voller Lebensfreude begrüßte ihn der Bach. Es gab keinen Vorwurf, wo er denn so lange gewesen sei, keine Mahnung, nie mehr so lange fortzubleiben. Der Bach freute sich, ihn wiederzusehen, und das war gut so.

Es hatte sich nichts verändert. Immer noch floss das Wasser verspielt den Berg hinab, um sich mit den Wässern anderer Bäche zu treffen, Informationen auszutauschen und in das Meer einzutauchen. Weiterhin versorgte der Bach seine Umgebung mit Energie.

Vielleicht verheimlicht mir der Bach etwas? Vielleicht ist er gar nicht so mutig, lebendig und stark, wie er vorgibt? So dachte der junge Mann, als er sich setzte. Aber bald waren seine Zweifel zerstreut. An dieser Stelle gab es keine Angst, somit keinen Angriff und auch keine Täuschung. Wie ein kleines Kind kam ihm der Bach entgegen und der junge Mann öffnete sich dem Bach.

„Weißt du“, sagte der junge Mann, „von dir habe ich einst über die Spielregeln des Lebens gelernt. Ich habe gelernt über Selbst-Verständlichkeit, über Gemeinsamkeit und über die Aufgabe der egoistischen Gedanken. Ich danke dir dafür.“

„Du brauchst mir nicht zu danken“, murmelte der Bach, in friedliche Gedanken versunken. „Ich gehe meinen Weg, lehre jene Menschen, die an meinem Ufer sitzen, und lerne von ihnen. Es ist mir eine Freude, dich wiederzusehen. Zugegeben, ich habe dich etwas vermisst, aber in deinem Herzen sehe ich wieder das Licht kindlicher Neugierde leuchten, das beruhigt mich. Ich war etwas besorgt um dich, als du nicht mehr kamst, um deine Füße in mir zu kühlen, keine Staudämme mehr gebaut hast und nicht mehr vergeblich versucht hast, die kleinen Fische in mir zu fangen. Du bist aber zurückgekehrt und hast noch immer das Funkeln in deinen Augen, das du schon als Kind hattest, und das freut mich.“

So sind der junge Mann, der auszog, um mehr über das Leben zu erahnen, und der Bach wieder in einen Dialog getreten. Und das ist gut so. Der junge Arzt entschloss sich, noch mehr von seinem Freund, dem Bach, über das Leben zu lernen, und sein erlerntes Wissen an all jene Menschen weiterzugeben, deren Herzen offen sind.

LITERATUR

C. Baldwin, „Das kreative Tagebuch", Barth Verlag, 1992

D. Bohm/D. Factor, „Die verborgene Ordnung des Lebens", Aquamarin Verlag, 1988

D. Bohm, D. Peat, „Das neue Weltbild - Naturwissenschaft, Ordnung und Kreativität", Goldmann, 1990

J. E. Berendt, „Nada Brahma", rororo, 1999

J. E. Charon, „Der Geist der Materie", Ullstein, 1992

L. Dossay, „Die Medizin von Raum und Zeit - ein Gesundheitsmodell", rororo, 1987

D. Ehrenberger, „Wasser trinken", Verlag Ehrenberger, 2003

D., M. Ehrenberger, „Natürlich entgiften mit Wasser und Vulkangestein", Verlag Ehrenberger, 2004

I. Engler (Hrsg), „Wasser: Polaritätsphänomen, Informationsträger, Lebens-Heilmittel", Sommer-Verlag, 1991

I. Engler, „Wasser - und Sauerstoffenergetisierung", Deutscher Spurbuchverlag, 1999

N. Fuchs, Mit Nährstoffen heilen", Ralf Reglin Verlag Köln, 1999

R. Grossarth-Maticek, „Autonomietraining", Verlag Walter de Gruyter, 2000

P., C. Flanagan „Elixier der Jungendlichkeit - Du bist was Du trinkst", Waldthausen Verlag, 1994

J. W. Goethe, „Schriften zur Naturwissenschaft", Reclam, 1977

G. Hillebrandt, M. Moser, M. Lehofer, „Chronobiologie und Chronomedizin - Biologische Rhythmen, Medizinische Konsequenzen", Hippokrates Verlag, 1998

M. Hoffmann (Hrsg.), „Vom Lebendigen in Lebensmitteln", Deukalion Verlag, Ökologische Konzepte 92, 1997

G. Honnefelder (Hrsg), „Was also ist die Zeit? - Erfahrungen mit der Zeit", Insel Taschenbuch, 1995

H. Kappauf, Wunder sind möglich - Spontanheilungen bei Krebs, Herder Verlag, 2003

Jiddu Krishnamurti, „Ideal und Wirklichkeit", 9. Auflage, Himata Verlag

E. Laszlo, „Das fünfte Feld", Verlag Lübbe, 2000

M. Moser et al., „Luftkunst - Von der Fähigkeit, mit dem Atem das Herz und den Körper zum Klingen zu bringen", Buchbeitrag zum Sonderband „Luft" der Deutschen Kunsthalle 2003, Wienand Verlag 2003

D. Ornish, „Revolution in der Herztherapie", Kreuz Verlag Stuttgart, 1992

F. Peat, „Der Stein der Weisen", Verlag Hoffmann und Campe, 1992

F. Peat, „ Synchronizität", Goldmann, 1987

F.A. Popp, „Die Botschaft in unserer Nahrung", Fischer Taschenbuch Verlag, 1994

F.A. Popp, „Neue Horizonte in der Medizin", Haug Verlag 1987

A. Resch, „Kosmopathie - Der Mensch in den Wirkungsfeldern der Natur", Andreas Resch Verlag, 1981

S. Sabetti, „Lebensenergie", Scherz Verlag, 1992

A. de Saint-Exupéry, „Der kleine Prinz", Karl Rauch Verlag, 2000

N. J. Schneider, „Die Kunst des Teilens - Zeit, Rhythmus und Zahl", Piper Verlag, 1991

E. Schrödinger, „Geist und Materie", Verlag Zsolnay, 1986

E. Schrödinger, „Was ist Leben?", Piper Verlag, 1989

R. Sheldrake, „Das schöpferische Universum - die Theorie des morphogenetischen Feldes", Ullstein, 1996

L. McTaggert, „Das Nullpunktfeld - auf der Suche nach der kosmischen Urenergie", Goldmann Verlag, 2003

F. Vester, „Phänomen Stress", dtv Sachbuch, 1976

Netzwerk gesunde Medizin

Im Rahmen meiner ausgedehnten Vortrags- und Seminartätigkeit im In- und Ausland konnte ich feststellen, wie groß das Interesse der Menschen an Naturmedizin und Gesunderhaltung ist. Auch viele meiner Kollegen setzen bei chronischen Krankheiten verstärkt ausschließlich oder begleitend natürliche Heilmethoden ein.
Meine Frau Doris und ich haben daher ein Servicecenter für Ärzte, Therapeuten und alle Ratsuchenden eingerichtet, die über natürliche Mittel und Methoden, die wirklich effektiv eingesetzt werden können, beraten werden wollen. Das Servicecenter „Netzwerk gesunde Medizin“ ist nach den Prinzipien natürlicher Systeme aufgebaut, so wie sie in diesem Buch dargelegt sind. Es hat das vorrangige Ziel, das Konzept LEBE umzusetzen.

Sie werden über folgende Inhalte informiert:
- Ganzheitliche Gesundheitsvorsorge
- Ganzheitlich denkende und arbeitende Ärzte und Therapeuten
- Begleitende, natürliche Maßnahmen zur Schulmedizin
- Bezug von natürlichen Produkten, die den Inhalten dieses Buches entsprechen
- Vortrags- und Seminarprogramm

Da lebende Systeme offene Systeme sind, die sich ständig weiter entwickeln, sind wir für jede vernünftige Anregung dankbar. Wir arbeiten bereits mit über 150 Ärzten und Therapeuten zusammen.

Informationen zum Netzwerk gesunde Medizin und Bezugsquelle zu im Buch erwähnten Produkten:

www.dr.ehrenberger.info
www.synthese.at

Tel: +43/3325/8760
Fax: +43/3325/8760-4
E-Mail: synthese@aon.at

STICHWORTVERZEICHNIS